テニスなるほどレッスン

テニス丸ごと一冊サービス

Tennis Magazine extra

はじめに

基本を間違えて理解して練習していても、それは〝ダメサービス〟を固めるだけ。

まずは正しいサービスイメージのインプットから

「自らの可能性はそれを信じ続けた者だけが実現できる」

そんな理想を掲げて育成・強化を図ってきました。

学生とともに挑戦して20年以上が過ぎたところです。その過程では、ジュニアから一般、プロに至るまで、さまざまなレベル・年齢のプレーヤーが大学を訪れてくれ、いっしょに上達を目指してきました。今回、レッスンするのは、そうした多くのプレーヤーとの出会い・経験の中から、プレーヤーたちがもっとも悩んでいる『サービス』についてです。

なぜ、そこまで試行錯誤するのかをずっと考えています。千差万別ですから、出会ったプレーヤーの数だけ悩みもあります。しかし、考えてきてたどりついた問題の原因は、次のところに集約される気がしてなりません。

・各プレーヤーがテクニックを覚える導入期において、間違った癖をつけてしまったこと

・各プレーヤーがテクニックを上達させる成長期において、基本を間違えて解釈したまま練習を続けていること

一生懸命サービスをよくしようと練習しても、やろうとしていることが間違っていれば、極端な言い方ですが〝ダメサービス〟を固めるだけになってしまいます。しかし、

やるべきことを正しく理解して、正しいアプローチをしていれば（基本を正しく理解していれば）、その努力は必ず報われます。そこで、本書では「サービスの基本」と「やるべきこと」をみなさんにお伝えしていきます。

ある学生の話です。インターハイ・ベスト16という実績をもって入部してきたこの学生。実は驚くほどサービス力が低く、ダブルフォールトは毎ゲーム1回は当たり前、ひどいときは3回もやることがあり、それでも、これまである程度勝ち上がることができたわけですが、逆を言えば、それ以上勝ち上がれない原因がそこにありました。イースタングリップで握り、正面を向いて打つサービスは、回転がかからないため、試合でチョークしたときほど、ダブルフォールトする傾向があります。

彼女の言い分はこうでした。「プレッシャーがかかるとダブルフォールトをしてしまう」と。彼女を以前指導していたコーチに話を聞いても、「彼女は精神的に弱くて、よくダブルフォールトをする」と、同じようなことを言いました。

そうではないでしょう。精神的に弱いからダブルフォールトするのではなく、そういう技術だからダブルフォールトするのです。そこを勘違いしないでください。ダブルフォールトしないためには、ダブルフォールトしない技術を身につけるしか、ほかありません。

ダブルフォールトしないサービスを身につけるには、これまでのサービスを変えるしかなく、同じ問題を抱える学生たちは当初、私の指導に泣いていました。グリップを変えれば今まで積み上げてきたものが崩れますから、試合に勝てなくなり、ライバルに負け、自信をなくした時期もありました。その様子を見て、私自身、グリップを変えずにうまくやれる方法を選ぼうかと迷ったこともあります。しかし、小手先の矯正をしたところで、やはりいつか壁にぶつかるのです。そういうやり方を私が選んで、学生たちがもっている可能性をつぶしてはいけないと、本物を目指し、可能性を追求し続けると決めました。

そして、徹底的にやったら変われるということを、その学生たちが私に教えてくれました。だから、本書を読んでくださるみなさんにも同じように指導します。一度覚えた技術を変えるには時間がかかりますが、サービスはやった分だけ必ずよくなります。みんな変われます。一番いいサービスをみなさんも必ず身につけることができます。

目次

本書は、弊社発行のMOOK
『丸ごと一冊「サービス」』に加筆・修正し、
書籍化したものです。

テニスなるほどレッスン

テニス丸ごと一冊サービス

Tennis Magazine extra

フェデラーが教えてくれるサービス打法
ひとつの打法で十数種類のサービスが打てる!

CHECK 1
3つの打法で3つの球種という考え方ではない

サービスといえば、「フラット」「スライス」「スピン」という「3つの打法」による「3つの球種」があると考えている方はとても多いと思います。また、サービスといえば「2本」「2種類」で、「ファーストサービス」と「セカンドサービス」があり、ファーストサービスは「勝負」、セカンドサービスは「安全」といった考えを持って打っている方も多いと思います。しかし、本当にサービスは「3つの打法」「3つの球種」、あるいは「2本」「2種類」でしょうか。

世界のトッププレーヤー、ロジャー・フェデラーは、「ひとつの打法」で「十数種類」のサービスを打っています。「フラット系」「スピン系」「スライス系」の回転を打ち分けるほか、「速度」も変えています。例えば、時速200、190、180、170㎞…という速度のサービスを、上から第1サービス、第2サービス、第3サービス、第4サービス…と呼ぶことにしましょう。フェデラーは、10ページにあるサービス速度表を見るとよくわかるのですが、第2セットの第11ゲーム、第3ポイントのファーストサービスで、まず時速132㎞の「第8サービス」を打ち、セカンドサービスで時速195㎞の「第2サービス」を打っています。彼は引き出しにたくさんのサービスを用意しており、そこから必要に応じて出しているのです。

サービスは「3つの打法」「3つの球種」「2本」「2種類」ではなく、いろいろな速度のいろいろな球種を持つべきです。正しい打法をひとつしっかり身につければ、それはできます。回転、回転量、速度、コースなどを変えることによって、七変化するサービスを生み出すことができるのです。それがレシーバーを惑わし、苦しめ、ミスを誘うサービス、ポイントが取れるサービスになります。

セカンドは
安全に!
ファーストは
勝負!
サービスは
2本!
サービスは
2種類、
フォールト!

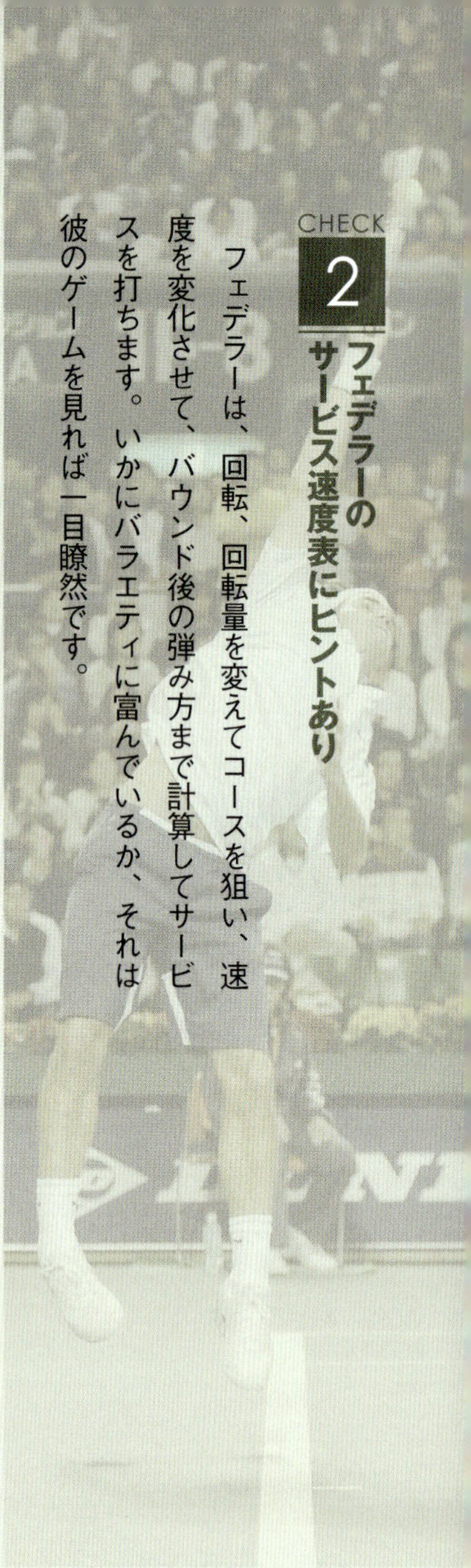

CHECK

2

フェデラーのサービス速度表にヒントあり

フェデラーは、回転、回転量を変えてコースを狙い、速度を変化させて、バウンド後の弾み方まで計算してサービスを打ちます。いかにバラエティに富んでいるか、それは彼のゲームを見れば一目瞭然です。

フェデラーのサービス速度を見てみよう

2006年AIGオープン準々決勝の対鈴木貴男戦より抜粋
試合は4-6、7-5、7-6でフェデラーが勝利

ゲーム	スコア	km／h	補足
第1セット			
第3ゲーム	15-0	—	※計測できず
	15-15	177	
		141	
	15-30	170	
		141	
	15-40	182	
	Game鈴木	162	※この試合で唯一、落としたサービスゲーム
第9ゲーム	15-0	181	
	30-0	190	
	30-15	141	
		158	
	30-30	186	
		193	※ダブル・ファーストサービスのような速度
	40-30	147	※前のポイントから極端に速度を落とす
	Gameフェデラー	179	
第2セット			
第3ゲーム	15-0	176	
	30-0	189	
		123	※この試合の最遅
	30-15	—	※計測できず
		146	
	40-15	152	
	Gameフェデラー	157	
第11ゲーム	15-0	200	※この試合の最速(ただしフォールト)
		153	
	30-0	182	
		172	
	40-0	132	
		195	
	Gameフェデラー	186	
		157	
第3セット			
第1ゲーム	15-0	148	
		—	※計測できず
	15-15	149	
		177	
	30-15	134	※レット
		145	
	40-15	167	
	Gameフェデラー	147	
第3ゲーム	15-0	197	※このゲームは他のゲームと違い平均時速190km以上を打っている。
	30-0	190	
	40-0	189	
	Gameフェデラー	195	
第11ゲーム	15-0	177	※レット
		188	
	30-0	188	
	40-0	199	※この試合の最速
		188	
	Gameフェデラー	150	

- この記録は、大会が設置した速度計測器が表示した速度を編集部が記録したものです。
- コース(ワイド・センター・ボディ／深・中間・浅)、回転(フラット系・スライス系・スピン系)などの記録はしていません。
- 各ポイントとも上段がファーストサービス、下段がセカンドサービスで、レットもあります(補足あり)。
- ファーストサービスから時速120～140km台の低速サービスを打っている場合にマークしています。

ナチュラルスピンの打法は
回転量を変えて
何種類もの
サービスを打つ
PRO
サービスは
ひとつ！！
スライス
フラット
スピン
あれ！？
サービスは
３つの打法で
３つのサービス
を打ち分ける
プロの場合
アマの場合

回転がかかるのはコンチネンタルグリップのサービス
腕が回転している途中で斜めにインパクトがある

CHECK 1

コンチネンタルグリップの打法は
腕が回転している途中に
インパクトがあり
ラケット面が
ボール(球体)に対して
斜めに当たる
だからナチュラルスピンがかかる

コンチネンタルグリップ

CHECK 2

ナチュラルスピン打法なら複数の球種フラット系、スライス系、スピン系サービスに応用できる

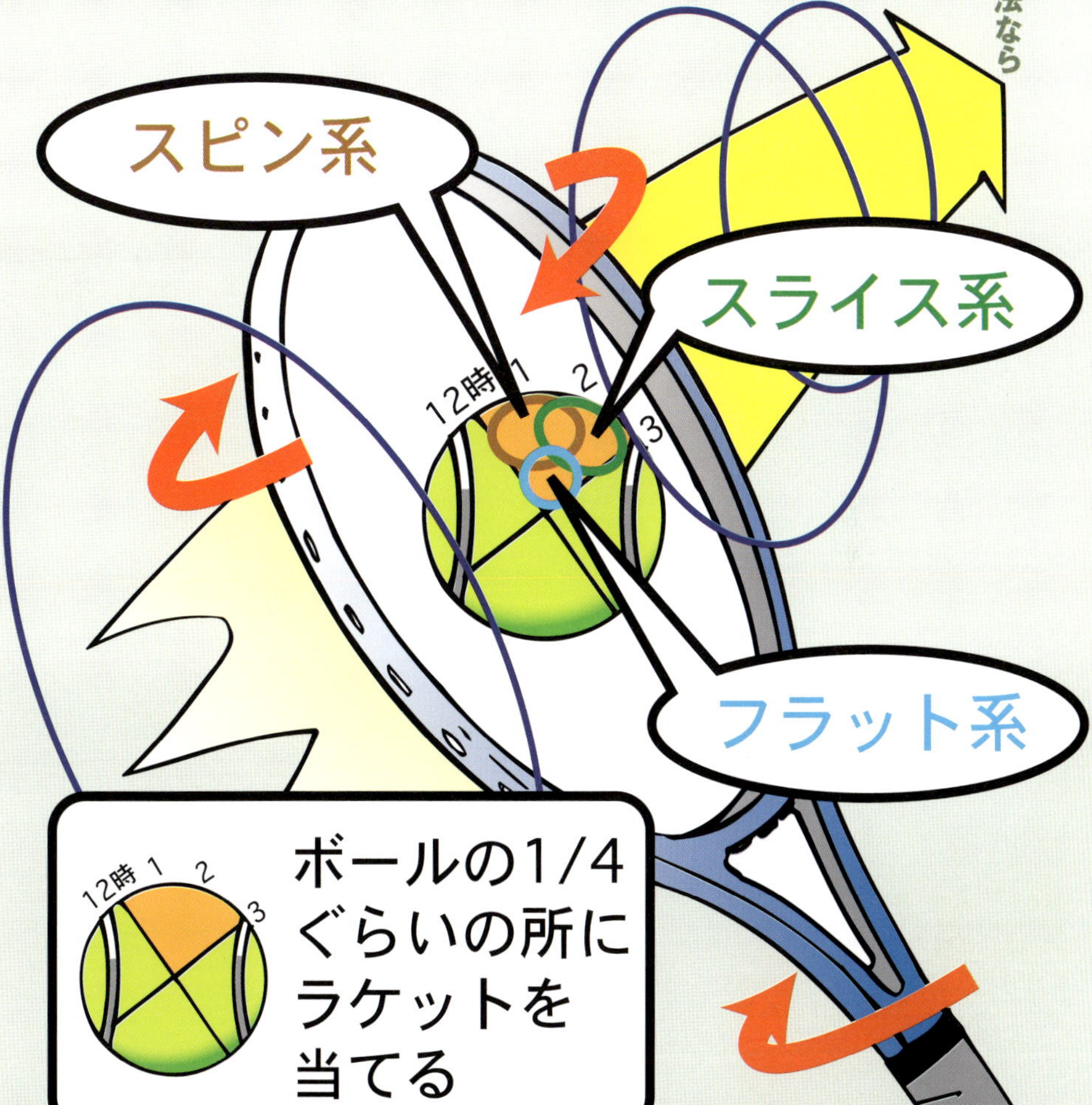
スピン系
スライス系
12時 1 2 3
フラット系
12時 1 2 3
ボールの1/4
ぐらいの所に
ラケットを
当てる

回転がかからないのは厚いグリップのサービス腕の回転がなくフラットにインパクトがある

CHECK 1

厚いグリップの打法は(厚くなるほど)腕が回転しないので手首がまっすぐに伸びてラケット面がボールに対してフラットに当たる

イースタングリップ

セミウエスタングリップ

CHECK

2

厚いグリップの打法はボールに対してラケット面が真後ろからフラットに当たるので回転がかからない

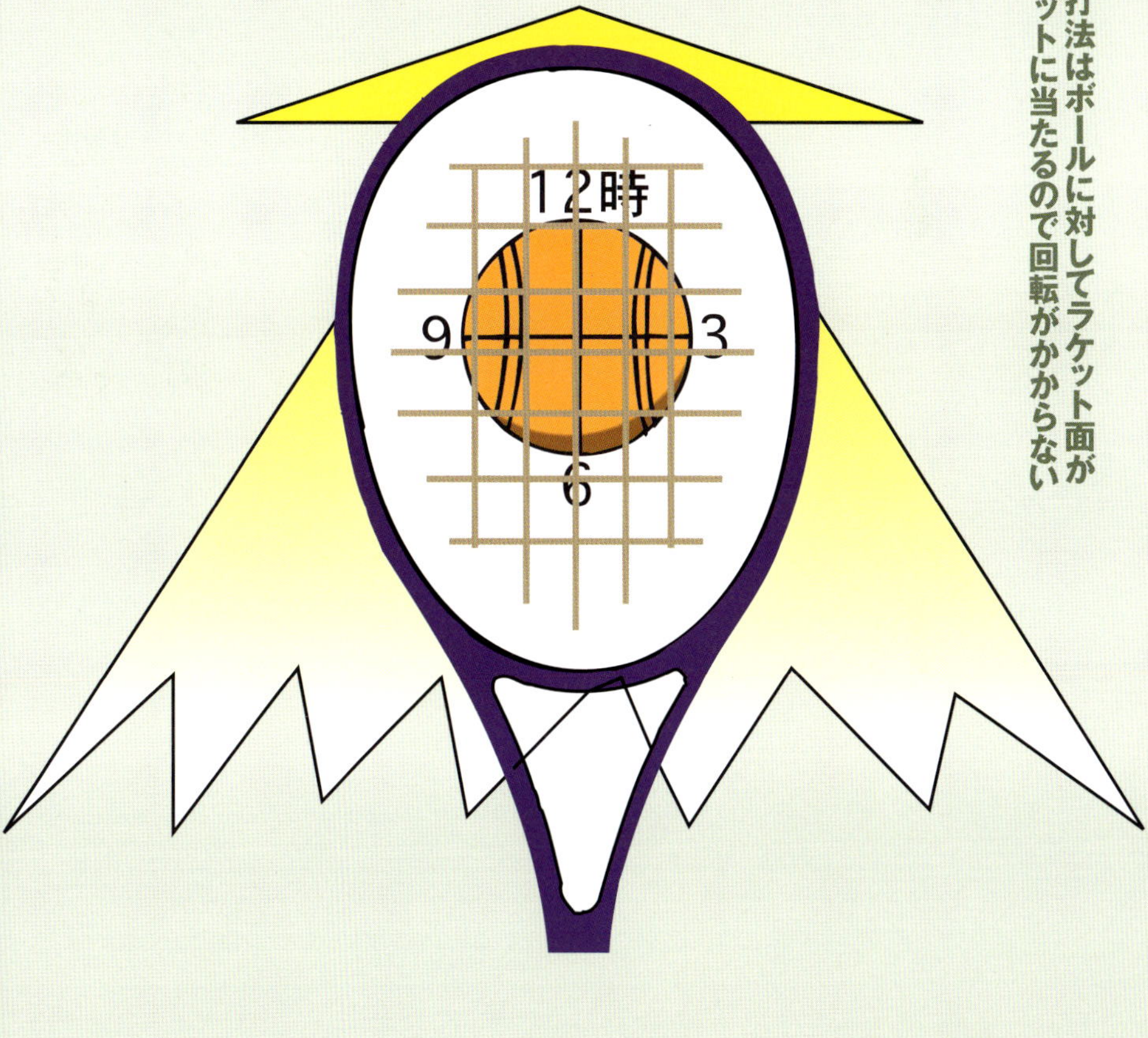

回転がかかるサービスは動作方向と打球方向が違う

CHECK

コンチネンタルグリップのナチュラルスピン打法では動作方向と打球方向が違う

回転がかかる
ボールの1/4
ぐらいに
ラケット
を当てる
イメージ

体→肩→肘→腕と運動連鎖し、腕が回転（回内・回外）している途中にインパクトがある。だから、ラケット面がボールに対して斜めに当たり、ナチュラルスピンがかかる。この打法をベースに、体の傾きをわずかに変えることで、ボールへのラケット面の当たり方が変わり、「フラット系」「スピン系」「スライス系」の回転を生む。

動作方向と打球方向が違う

回転がややかかるサービスは動作方向と打球方向がやや違う

CHECK

イースタングリップのフラットサービス打法は動作方向と打球方向がやや違う

サービスは「フラット」が基本と考えていると、そのイメージの勘違いによってグリップが厚くなる。イースタングリップのサービスの場合、スタンスはスクエアスタンスが自然。体のひねり戻しはあまり使わない。ボールに対してラケット面を真後ろに当てようと、体を正面に向けながら、手首を伸ばしてインパクトする。それにより回転がややかかる。

動作方向と打球方向がやや違う

回転がかからないサービスは動作方向と打球方向が同じ

CHECK

セミウエスタングリップのフラットサービス打法は動作方向と打球方向が同じ

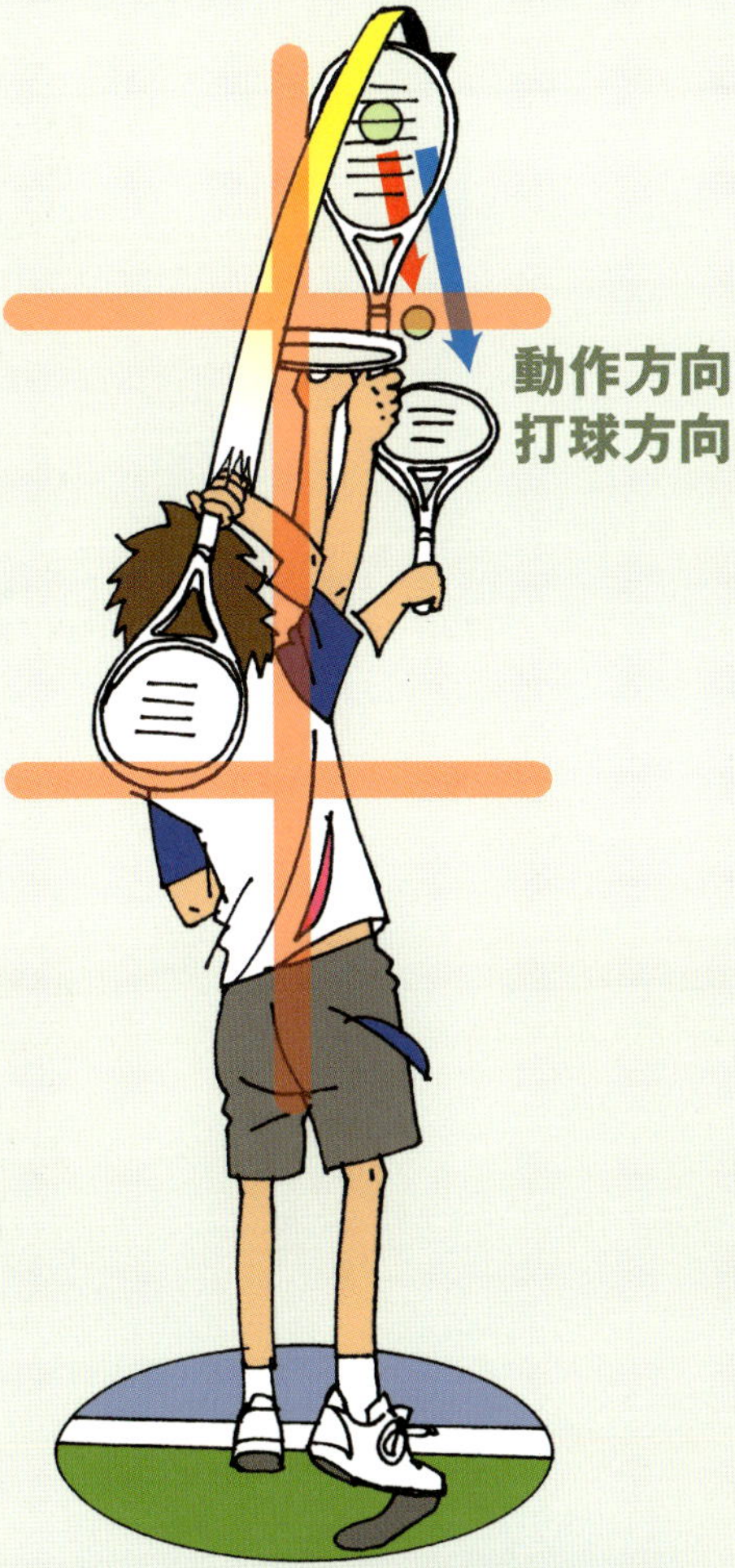

サービスは「フラット」が基本と考えていると、そのイメージの勘違いによってグリップが厚くなる。セミウエスタングリップのサービスの場合、スタンスはオープンスタンスが自然。体のひねり戻しはほとんどなく、体が正面を向いたままになるので、ボールに対してラケット面が真後ろから当たる。それにより回転がかからない。

動作方向と打球方向が同じ

サービスの動作方向は正面ではなく、右斜め上方向斜めの仮想コートをイメージすると打ちやすい

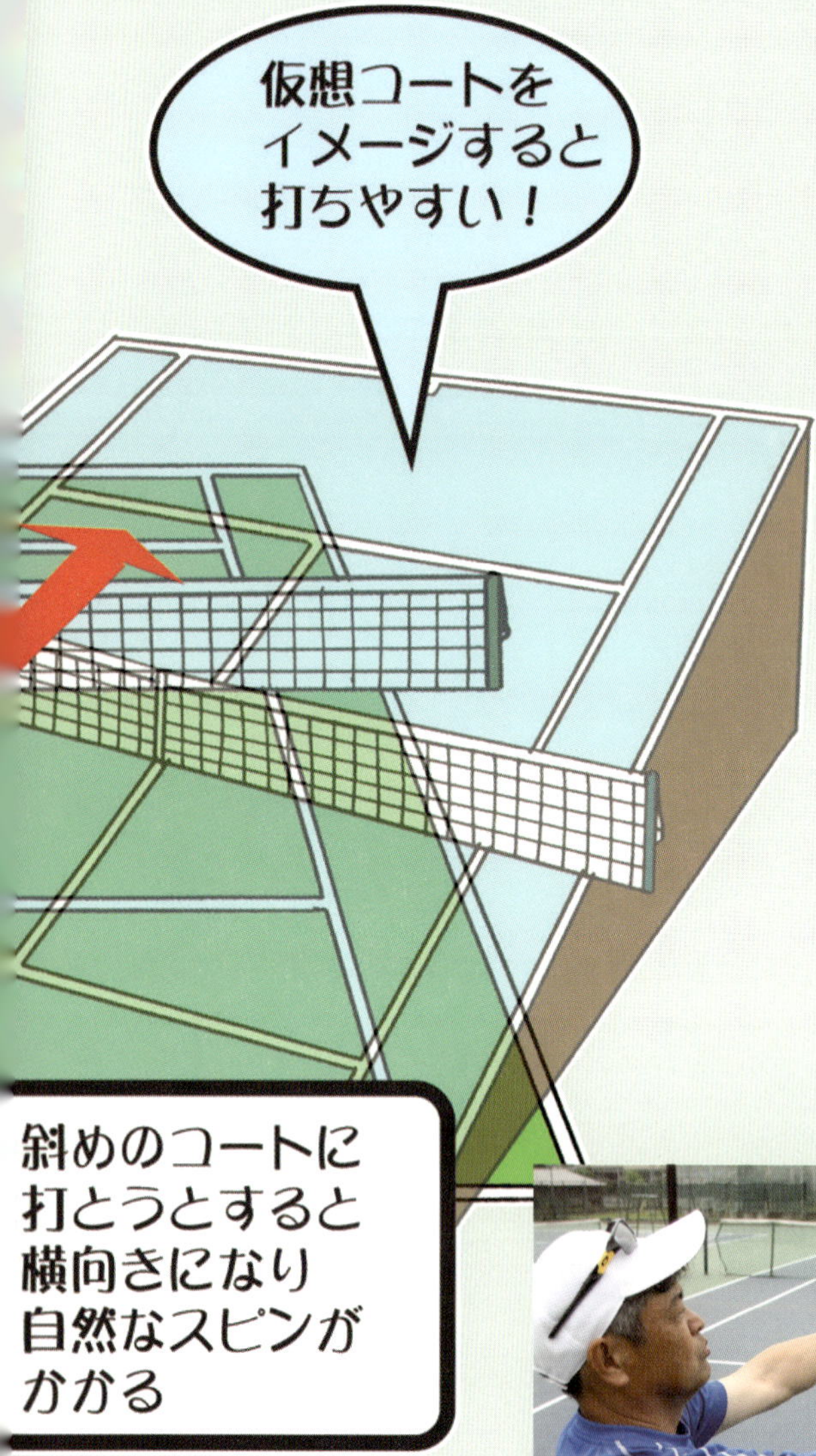
仮想コートを
イメージすると
打ちやすい！
斜めのコートに
打とうとすると
横向きになり
自然なスピンが
かかる

CHECK
◎ コートを斜め上に傾けて見る

テニスコートを右斜め上方向に傾けてイメージしよう。その仮想コートに向かって動作すると、ナチュラルスピン打法の基本、動作方向と打球方向の違いがつかめる。それは「あっち向いて」「ホイッ！」の感覚に似ている。「あっち向いて」＝動作方向、「ホイッ！」＝打球方向。

ナチュラルスピン打法は「あっち向いて」「ホイッ!」

正面のコートに
打とうとすると
正面向きになり
スピンがかからない
×
○

CHECK

✕ コートを正面下に見ない

実際にはテニスコートは縦に見て、ネットを越えるようにボールを飛ばさなければならない。しかし、その「正面下」のイメージが、正しいサービススイングの邪魔をしてしまうことが多い。サーバーから見てサービスボックスはネットの下にあるが、そこに向けて「上から下」に動作するのは大きな間違い。すなわち動作方向と打球方向が一致する打法では、いつまでたってもサービスは入らない。

正しい運動を順序よく覚えていけばナチュラルスピン打法はだれでもマスターできる

STEP

1

手首は使わず腕の回外・回内運動でボールを投げる

正しい運動を覚えるために、ラケットを置いてボール投げから始める。ボールの持ち方が大切で、親指、人差し指、中指で軽くつまむように握る(こうすると手首を余計に使わずに済む)。肩を地面と水平にして、肘の角度は90度。手の平を内側に向けて、前腕のひねり(腕の回転)でボールを軽く飛ばす。すべての運動にいえることだが、手首は使わない(自然に使われる)。

STEP

2

運動の予備動作として肩のしなり(外旋・内旋運動)を入れる

STEP1の前腕をひねる運動は主要動作。本来、動作を起こすときには予備動作が必要で、STEP1はそれを省いている。そこで、次の運動に入る。予備動作として肩を回し、そうすると続いて腕が回る。肘の位置は動かさず、腕を後ろに少し倒して戻す。サービスに問題のあるプレーヤーはこの肩が回る運動が抜けやすく、それにより運動連鎖がスムーズにいかない。

STEP

3

体を回して肩・腕の運動につなぐ

すべてに言えることだが、運動は体を回すことで始まる。そこで体を回し(ひねり戻し)、肩・腕の運動を導く。両肘の角度は90度を保ったまま、両肩を地面と水平に体を横にひねる。このとき予備動作として手の平を下向きにおいて、体を回す(ひねり戻す)と肩の外旋が入り、STEP2の動きに入り、ボールを投げる。

▲両肩を水平に、両肘の角度は90度を保ち、手の平を下向きにして構える。

▲体のひねりを戻すと、ここからSTEP2と同じ運動に。この時点で手の平が内側(頭の方)を向き、肩・腕が回り、最後に手の平が外側を向く。

▼左足荷重で、膝を曲げて下半身を使って、上半身を回す。STEP1 ～3の体・肩・腕の回転はすべて同じで、運動がつながるように。

STEP **4**

動作方向を変えてサービス動作につなげる

STEP1 ～3の運動をサービス動作につなげる。ポイントは動作方向を変えることにある。ここまでのSTEPでは動作方向が「前（正面）」だったが、サービスに置き換えるときは、スタンスは「クローズドスタンス」で動作方向を変え、「右斜め上」になる。

STEP **5**

ラケットに持ち替えて「あっち向いて」「ホイッ!」方式でボールを打つ

STEP1 ～4の運動を、ラケットに持ち替えて、サービス動作に転換する。正しいグリップを身につける導入方法として、ラケットを短く持つこと。フレームが薄く見えるように持つとコンチネンタルグリップになる。これまでの運動と同じように体を回してトスアップ。そうするとトスは横に上がるので、動作方向の右斜め上に視線を置いたまま運動を続ける（腕を回し続ける）と、ボールが左斜め下に飛んでいく。「あっち向いて」＝動作方向、「ホイッ！」＝打球方向となる。

▲フレームが薄く見えるように持つ。

PART 1

サービスの正しいイメージをインプット

サービスがよいプレーヤーの絶対条件

すべてのプレーヤーに共通するフォームにテニスの基本がある!

全員が全員行っている動作だから、それが必然でありそれが基本である

みなさんと同じようにトッププレーヤーも理想のプレーを追求しています。

世界の頂点に立つために。

勝つために。

〈理想のプレー〉を追い求めて日々努力を重ね、積み上げてきた結果が、トッププレーヤーたちが私たちに見せてくれるプレーです。それが、彼らがこれまで鍛え上げてきた最新のテクニックとも言えます。

彼らのサービスフォームを見れば、

みなさんも気づくでしょう。サービスのよいプレーヤーのフォームが同じであることにきっと気づくはずです。そして、なぜ同じなのかと考えてください。本書を読んでいく中でその理由を知るとき、「やっぱりテニスはおもしろい!」と思うに違いありません。

〈理想のプレー〉とは、精度の高いゲームを意味します。精度の高いゲームをするためには、ひとつひとつのテクニックの精度も高くなければなりません。意図したところに何度打っても入るボール。それは再現性の高いフォームから生まれるものです。トッププレーヤーたちは、その再現性の高いフォームを追求してきた結果、同じボディワーク=体の動かし方にたどりつきました。全員が全員行っているボディワークはテニスプレーヤーにとっての必然であり、つまり究極のテニスの基本と言うことができます。

ラケットを動かすことより、大切なのはボディワーク個性はその先に生まれる

みなさんがテクニックをマスターするときに陥りやすい落とし穴は、「ラケットワーク」への過剰な意識です。ラケットを引く…ラケットを担ぐ…ラケットを振る…というようにラケット中心の運動になりがちです。しかし、ラケットはボディワークについてくるもので、まずは体が

正しく動かなければラケットも正しく動きません。だからこそボディワークが大切なのです。

私たちは、テニスにおける『個性』のとらえ方を勘違いしているところがあります。ラケットの握り方、引き方、振り方に個性を見出そうとしていませんか？　しかし、テクニックに個性は必要ありません。『個性』はテクニックの組み合わせ＝それぞれのゲームに見えるものであり、相手とどう戦い、どう勝つかという戦略＆戦術に『個性』は生まれてきます。私たちが目指すべきはそこなのです。

よって、すべてのプレーヤーに共通する基本を押さえておくことが、テニス上達には欠かせないことになります。

サービスはコンチネンタルグリップ これがすべての始まり

ラケットヘッドはグリップが薄いほど、手首を自然な状態にすると左方向を指す

何があっても最初のチェックポイントはグリップです。サービスはコンチネンタルグリップであることが絶対条件です。いわゆる薄いグリップですが、コンチネンタルグリップでなければ、ここから先に見るサービスの基本動作はまるで当てはまらないものになります。なぜなら、わずかにグリップが〝厚い〟だけで動作方向と打球方向が変わってしまうからです。それがサービスの弱点につながるものとなります。

　構えたときはラケットとボールを揃えて持ち、下に下げて構えるプレーヤーがほとんどです。そのときラケットとボールは必ず静止させていて、体から離れます。グリップが薄いほど、手首を自然な状態にすると、（右利きプレーヤーの場合）ラケットヘッドは左方向を指し、ラケットフェースは上を向くのが特徴です。ただし薄いグリップでも、ラケットを高く構えるプレーヤーは、上げて構える分、ラケットフェースは地面に垂直になります。

　コンチネンタルグリップで打つサービスは、動作方向が「右斜め上」で、打球方向が「左斜め下」になります。右斜め上方向に動作するため、それに合った体の向きは横向きで、クローズドスタンスです。

　また、アドバンテージサイドでつくった体の向きが、ストレートでもクロスでもどの方向にも打てる体の向きで、コンチネンタルグリップの動作方向は「右斜め上」ですから、場所を変えても（デュースサイドでも）同じ構え、同じ打ち方でよいのです。

　ところが厚いグリップで打つサービスは、動作方向と打球方向が同じで「前」となるため、構えたときに体とラケットを「同じ方向（前方向）」へ向けなければなりません。デュースサイドから打つときは体ごと左方向を向き、アドバンテージサイドから打つときは体ごと右方向を向くという感じになります。

ラケットフェースはグリップが薄いほど、
手首を自然な状態にすると上を向く

両サイドともクローズドスタンス

インパクトの形を保ったまま手首を余計に動かさない

グリップ部分にもう少しフォーカスします。コンチネンタルグリップのサービスは、構えたときに手が体から離れます(厚いグリップのサービスは手が体に近いという特徴が出ます)。

次に手首を見てみると、ある一定の角度があることがわかります。スイング前のリラックスした状態にもかかわらず手首が伸びきっていません。ラケットヘッドをやや起こした状態で、わずかに角度があります。これはインパクトの形でもあり、これから始まるテークバックでは、この手首を余計に動かしたりせず、インパクトの形を保ったままテークバックすることが重要なポイントになります。

それから懐部分を見てみましょう。ボールとラケットを揃えて構えたそこに、〝長方形〟のスペースがあることがわかります。コンチネンタルグリップで握り、クローズドスタンスで構えた場合、胸の前にはある一定のスペースができます。この形から体をひねることがすなわちテークバックです。ところがグリップが厚いプレーヤーの場合、手が体に近くなるためスペースがないのが特徴です。

手首に自然な状態で一定角度があり、伸びきらない

コンチネンタルグリップは手の位置が体から離れる

構えると懐に長方形のスペースができる

PART 1
サービスがよいプレーヤーの絶対条件

トスアップは体幹の捻転に併せて右斜め前〜横方向へ

体幹を横にゆっくりひねり、両肩・両腕を同期させる

テークバックは体を横にひねることに始まります。構えたときにクローズドスタンスをつくっているため、体は横にひねりやすくなっています。現在、男女ともに、この体幹をひねる捻転型サービスを打っているのは、それがもっとも理想的な体の使い方ができる打法だからです。

体幹をひねってテークバックすると、そのひねりにともない、両肩・両腕がこれについてきて（同期して）、ラケットがゆっくりと体の前を通り、顔の前で止まります。これがトスアップであり、テークバックで、左手（トスアップの手）はベースラインに対して右斜め前〜横方向に上げることになります。よく、「トスを前に上げる」という言い方をしますが、これは勘違いしやすい言葉です。もちろんトスは前に上げることに変わりはないのですが、体を横にひねることを考えれば、ネットに対してまっすぐ前に上げるのが正しいわけではなく、体を横にひねる中で、体の前（右斜め前〜横方向）に上げるというのが正しいトスです。

ボールのリリースポイントは顔の前です。空中にある〝棚〟の上にボールを載せるイメージで行います。手首はいっさい使わず、その証拠として、左手の親指が上を向き、〝そ

リリースポイントは顔の前

ボールを空中の〝棚〟の上に載せる

っと〟行っていることがわかります。

　トスの高さはインパクト点のやや上程度で、決して高くありません。ボールを下から上に放り投げて高く上げてしまうと、ボールが落下するとき加速して、動作が間に合わなくなったり、タイミングが合わせられなくなりむずかしくなります。トスアップは体の捻転に合わせてゆっくりと、加速させずに行い、ボールを空中にある〝棚〟の上に載せるイメージで十分です。

PART 1

サービスがよいプレーヤーの絶対条件

ラケットの重心は手首寄りで、テークバックは顔の前。

手首は余計に動かさない

体を横にひねるテークバックでは、ラケットは体（顔）の前を通過します。かつての「バンザイ型テークバック（前後に両手を大きく開いて、ラケットの遠心力を使ったもの）」が、今では「捻転型テークバック（体をひねってラケットを引く）」に変わり、非常にコンパクトになりました。それにともない、トスは低くて十分です。トスが低いとスイングをあれこれいじる間がなく安定します。また、トスが低いと風の影響を受けにくく、これも大きなメリットになります。

テークバックのときにサービスのよいプレーヤーが決して外さないポイントがあります。それは手首をあれこれといじらない点。構えたときの手首の角度＝インパクトの角度となっており、これを維持した状態で

手首の形は、すなわちインパクトの形

テークバックしています。体の捻転でテークバックするため、ラケットはゆっくりと体（顔）の前を通ります。つまりラケットの重心が手首寄りにあり、ラケットヘッドの重みを利用してテークバックしません。

ところが、バンザイ型サービスはテークバックで両腕を広げるとラケットが加速して、ラケットヘッドに重心がいきます。このとき手首が解放され、伸びたりして、あとで余計に使ってしまう原因になります。手首を使いすぎるとコントロールしにくいばかりか、パワーが伝わらず、また、ダブルフォールトを生み出す結果となります。やはりバンザイ型サービスが皆無になった理由は、体の捻転が使いにくい運動であり、大きなパワーを得られないからです。

体幹を横にひねるから肘が落ちない 上半身と下半身に捻転差が生じ、一瞬の静止がある

テークバックは上半身主導で行いますが、同時に下半身も動き始めます。テークバックからフォワードスイングに切り替わるときを〈切り返し〉と言いますが、この切り返しのときに、上半身を動かしてきたエネルギーをいったんゼロにするイメージで動きを静止します。そのとき上半身と下半身に捻転差が生じます。この静止は、下半身から生まれる大きなエネルギーを使うためのものであり、〈切り返し〉をきっかけに上半身主導から下半身主導に切り替えるのです。

体を横（要するに左右）にひねると肘は落ちません。肘が落ちると、肘を支点としたラケットの加速がしにくくなります。だからこそエネル

肘と手首の角度は一定

ギーは横方向(左右方向)にひねるところからつくり始めます。そして横(左右)にひねるから肘が落ちないのです。非常にシンプルです。

かつて、バンザイ型テークバックに始まる大きな円運動スイングをしていた時代は、エネルギーは使いっぱなしでしたが、今は捻転型テークバックに始まるスイングになり、一瞬の静止状態があります。

その一瞬の静止状態のときは、肘と手首の角度は一定しています。ラケットは耳から離れた位置にあります。かつてラケットは「背中に担ぐ」という表現が使われましたが、今はその表現は当てはまりません。

ラケットは耳から離れ、背中に担がない

下半身からのエネルギーが体幹に伝わるまで左手を静止

その後、左手（左肘）を引き、体幹が回転して右肩が前に出てくる

左足荷重である

テークバックすると上半身と下半身に捻転差が生じます。そのとき体重は左足荷重です。より正確なトスアップとインパクトを得るために必要な要素です。前後の体重移動はあまり必要ありません。地面を踏んだ下半身の屈伸と、それにともなったひねり（捻転）によってサービスの運動連鎖が起こり、ジャンプをして下から上への体重移動を行います。

上半身と下半身の捻転差が生じているとき、下に目を下ろしていくと、膝が十分に曲がっていることがわかります。90度くらいです。ここで大きなエネルギーをためて、そのエネルギーを発揮する〈切り返し〉動作に入ります。捻転差により、次の動作で腰を切ってひねりを戻すと、エネルギーが下から上へ、下半身から上半身へと伝わって、最終的にジャンプする形になります。

一方、〈切り返し〉のときの左手に目を移すと、トスアップした左手は下半身からのエネルギーが体幹に伝わってくるまで静止していなければなりません。その後、左手（左肘）を引いて体幹の回転運動をサポートすると、右肩が前に出てきてエネルギーを上に使うことができます。

膝を曲げてエネルギーをためる

腰を切ってひねりを戻し、エネルギーを爆発させる

〈切り返し〉のとき上半身主導の運動が下半身主導に切り替わる

捻転型サービスは、テークバックのあとに一瞬静止し、それを境に「ひねり」が戻ります。一瞬の静止のときには、ラケットは体・顔の前で、背中に落としません。肘・手首の角度は一定で、ここから手首の位置を変えずに体のひねりを戻すと、ラケットヘッドが自然な形で背中に落ち、加速していきます。

ゴルフでよく使われる用語に「スイングプレーン」という言葉があります。ゴルフも道具を使いながら体の回転運動を使って行うスポーツであり、その回転運動によってクラブが描くスイング軌道を「スイングプレーン」と呼んでいます。テニスにもこのスイングプレーンが当てはまります。テニスはテークバックのときに1つ目のスイングプレーンがあり、フォワードスイングのときに2つ目のスイングプレーンがあります。

サービスは、上半身主導の運動が下半身主導に切り替わるとき、一瞬の静止がありますが、その〈切り返し〉のとき、1つ目のスイングプレーンから2つ目のスイングプレーンへずれます（変わります）。

ちなみにバンザイ型サービス（両手をバンザイするように広げるスイング）は、大きな円運動によって最大エネルギーを得ようと、スイングはほとんど動きっぱなしで、加速させるスイングです。ですからテークバックからフォワードスイングまで、スイングプレーンは1つになります。

手首の位置は変えずに〈切り返す〉

〈切り返し〉をきっかけに
スイングプレーンが2つできる

手首の位置を変えずに
体のひねりを戻すと
ラケットが加速する

上半身が回転しながら→肩が回り（外旋と内旋）→肘が出て（腕を伸ばしながら）（伸展）→腕が回り（回外と回内）→手首が（自然に）返る

手首の位置を変えずに〈切り返す〉と肩が回る

ジャンプしてインパクトに向かいますが、そのときの上半身の動きは次のような順序となります。上半身が回転しながら→肩が回り（外旋と内旋）→肘が出て（腕を伸ばしながら）（伸展）→腕が回り（回外と回内）→手首が（自然に）返ります。テークバックのあと、手首の位置を変えずに〈切り返す〉と肩が回りますが、これに続く運動連鎖の中にインパクトがあります。

インパクトでは、前腕のひねりが完了するときにボールをとらえるのではなく、前腕が回転している途中

前腕が回転している途中でボールをとらえる

でボールをとらえます。だからボールを斜めにとらえることになり、「ナチュラルスピン」がかかります（一方、前腕のひねりが完了するときにボールをとらえると「フラット」になる）。フラット系、スライス系、スピン系などの球種は、このナチュラルスピンを中心に生み出します。ボールとラケットが斜めに当たる、その角度（当て方）を変えることによって生み出すため、スイングはひとつです。

球種を得るためにスイングを変える必要はありません。サービスのスイングはひとつでよく、ひとつのスイングからいくつもの球種を生み出すことができます。だからトッププレーヤーたちのサービスフォームはどれも見ても同じなのです。打ち方はひとつで、複数の球種を打ち分けるということです。

〈切り返し〉まで左手は必ず静止させておき下半身の伸展（爆発力）を誘導する

下半身からの運動連鎖によって体は回転し続けますが、それにともない右手のフォワードスイングをより加速するために、トスした左手は運動連鎖に従って順序よく使い、右手を誘導する必要があります。うまく誘導できれば↓肩が回り（外旋と内旋）↓肘が出て（腕を伸ばしながら）（伸展）↓腕が回り（回外と回内）↓手首が（自然に）返ります。つまりフォワードスイングがスムーズに行われます。

ところが、下半身からの運動連鎖をともなう前に左手を早く下ろし、右手のフォワードスイングを誘導しようとしてしまうプレーヤーがいます。これはグリップの厚いプレーヤー（フォアハンド寄りのグリップ）に多く見られる症状です。また、正しいグリップ（コンチネンタルグリップ）で握っていても左手を早く下ろしてしまうと、本来得られるはずの大きなパワーを失うことになってしまいます。

正しくは〈切り返し〉まで、左手は静止させておきます。それが下半身の伸展（爆発力）を誘導し、大きなパワーを上半身に伝えます。

左手がフォワードスイングを誘導し、右手を加速させる

インパクトは右斜め上方向、そこから顔を離さず インパクトを見続ける

フォワードスイングからインパクトにかけて、ボールへ向かうラケットはフレーム（グリップ部分で言えば小指）から出てきます。ラケット面（グリップ部分で言えば手のひら）から出てきません。

その後、ラケットは前腕の回転にともない、小指から手のひら、さらに親指側へと回転していきます。その中でインパクトを迎えています。

インパクトのときの手首の角度は、構えたときと同じで、自然な状態で「くの字型」で、ある程度の角度があり、決して無理に伸ばしません。

また、インパクトのときは、インパクトから顔を離さず、顔の向きは右斜め上方向で正面方向ではありま

ラケット面が
フレーム《小指》から出る

せん。このとき顔を前に向けたり、ずらしたりしてしまうと、一番力を作用させたいインパクトを外すことになります。インパクト点を見続けることで、正確なインパクトと正確な打球方向が保証されます。

左手は下げずに肘を引いて上にとどめる

手首の角度は、構えたときと同じ

動作は「右斜め上」へ 打球は放物線を描いて「左斜め下」へ

顔は動作方向を向いたまま、インパクト点を見続ける

インパクト点を見続け、ボールを打ったあとも顔を残します。決して頭は動かさず、サービス動作をやりきり、動作が終わったあとに顔を前に向けます。

動作方向は「右斜め上」で打球方向は「左斜め下」、それがナチュラルスピンサービスで、ボールは放物線を描いて飛んでいきます。

フォロースルーは、体を回したことで起きる肩の内旋→肘の伸展→前腕の回内という動作で、その結果、動作方向である「上」で終わります。よって、サービスのフォロースルーは右斜め上方向です。かつてのバンザイ型サービスは、動作方向と打球方向が一致していたので（どちらも前方へ向かって行っていた）、フォロースルーは左腰の前あたりでした。それが今のサービスとの大きな違いです。今のサービスはフォロースル

右斜め上でフォロースルー、だから肘の位置が高い

ーがないのではなく、フォロースルーを斜め上方向でやっているだけです。

その後、ジャンプした体が着地する際、体を正面に向けるのと同時にラケットは自然に下に落ちていきます。

男女ともナチュラルスピンサービスが基本

人間の行うサービスには原理原則があります。球威、コース、深さを『スピン（ボールに与える回転）』が生み出す時代になりました。

また、ラケットの進化が手伝い、年齢、性別を問わず、誰もがナチュラルなスピンサービスをマスターできるようになりました。ただ速いだけのサービスを打つだけでは、サービスキープができない時代です。今はいかにそのナチュラルスピンサービスを生かすか、バリエーションを増やせるかを競っています。

185㎝のロジャー・フェデラーが、長身から打ち下ろすことができるにもかかわらず、フラットサービスではなくスピンサービスを駆使するのはなぜでしょう。それはスピンサービスの確率が高いことはもちろんですが、スピンサービスこそ、回転、回転量、速度、深さをコントロールできるからです。それにより相手はリターンするときに時間差を感じて（要するに同じボールが来ないということ）、バウンドがイレギュラーして（変則的に弾んで）、リターンしにくいボールであると感じます。サーバーからすれば、スピンサービスを駆使することによって、相手のリターン力を下げることができます。だから今はかつてのような「フラットサービスが基本」ではなく、「スピンサービスが基本」なのです。

男女揃って同じサービスを追求する時代です。そして、これからますます進化することでしょう。回転を操り、パワー＆スピードをコントロールしつつ、安定性の高い、質の高いサービスが求められそうです。

PART 2

サービスの戦略&戦術

サービスを打つ前に

サービスが大切と誰もが言うけれどどれくらい大切か知っているの？

1 簡易テストでサービスの実力を知る サービスは入らなければ意味がないもの

「さあ、サービスレッスンに入りましょう！」と言いたいところですが、その前に練習に力が入る大切な話をしておきましょう。

あるとき、こんなテストをしました。我が亜細亜大学に練習をしにやってきた高校生たちに協力してもらい、サービスエリアの両コーナーにシングルスポールでターゲットエリアをつくり、そこを狙ってもらい、その中に10本中何本サービスが入るのかをテストしました。

結果は平均すると、

●亜細亜大学
平均50％
●A高校（全国大会トップレベル）
平均40％
●B高校（地域大会トップレベル）
平均30％
●C高校（県大会トップレベル）
平均20％

という結果になりました。

このテストでは指定エリアがあるため、サービスエリア内にサービスが入ってもカウントされない厳しさはあります。それでも試合では狙ったところに入れなければなりませんから、これくらいのプレッシャーは必要です。その上で、この結果をみなさんはどう受け止めますか。

テニスプレーヤーなら誰もが「サービスの確率を上げることは大切だ」と言います。しかし、この結果は本当にそれがわかっているのかと疑いたくなる結果です。私はこれがとてもショックで、「何とかせねば」と決意を新たにしました。ですから、まずはみなさんに、サービスがどれくらい大切なショットであるかをお話ししたいと思います。それによって、みなさんがサービス練習に打ち込むようになり、効果を上げていってくれることを大いに期待します。

2 ファーストサービスの確率が50%だとすると1ゲームに打つサービスの本数は平均9本

ここから先は単純なものの考え方としてお読みください。

みなさん、1ゲームの平均ポイントは何ポイントだと思いますか？　1ゲームはだいたい40−30か30−40でゲームとなる場合が多いとされ、その場合「6ポイント」プレーしたことになります。また40−15、15−40でゲームとなると「5ポイント」で、40−0、0−40からゲームとなると「4ポイント」プレーしたことになります。デュースからゲームとなると「8ポイント」で、デュースを繰り返せば「10ポイント」「12ポイント」…となります。このように考えて、1ゲームの平均ポイントを割り出すとおおむね『6ポイント』で行われていると考えられます。

Pan
1ゲームの
平均ポイント数
6ポイント
40 - 30
or
30 - 40
ゲーム
1ゲームの平均サービス本数
9本
1セットの平均サービスゲーム数
5回

1ゲームが6ポイントであることがわかりましたので、次に1ゲームで打つファーストサービスの数がわかります。「6本」です。しかし、それは6ポイントともファーストサービスが入れば6本ですが、入らなかったらセカンドサービスをあと「6本」打たなければなりません。つまり6本＋6本＝「12本」のサービスを打つことになります。このとき、仮にファーストサービスの確率が50％だとすると、6本中3本はファーストサービスが入ったことになり、あとはセカンドサービスも打ったことになりますので、つまり1ゲームで6本＋3本＝『9本』のサービスを打つと考えることができます。

では、1ゲームに9本のサービスを打つことがわかりましたので、次に1セットでどれくらいのサービスを打つのか考えてみましょう。1セットは6－0あるいは0－6の場合から、7－6あるいは6－7の場合までが考えられます。つまり合計ゲーム数は最低で「6ゲーム」、最高で「13ゲーム」ですから、このうち真ん中の数字「10ゲーム」を仮に平均と考えてみます（6－4ないしは4－6で勝負が決まったという考え）。このうち自分にサービスが回ってくるのは半分ですから、つまり『5回』が自分のサービスゲームということがわかります（5回のうち1回でもサービスを落とせば、その結果、スコアは4－6となって勝機を逃すということがわかります）。

3 1セットに打つサービスは45本、3セットだと135本 あなたはこれをどれくらい真剣に打っているだろうか

少し遠まわしな言い方が続きましたが、だんだんゲームの成り立ちがわかってきたと思います。ここからが大切なところです。

1セットで『5回』あるサービスゲームで『9本』のサービスを打つと、5回×9本＝『45本』のサービス（ファーストサービス30本、セカンドサービス15本の計算）を打つことになり、これを3セットで考えると45本×3セット＝『135本』のサービスを打つ計算になります。この数字を知ってどうですか？　こんなに打っていると思わなかったでしょう。

ここでみなさんに質問します。みなさんはどれくらい真剣にサービスを打っていますか？　トッププレーヤーのサービスの確率を例に挙げると、男子で「約65％」、女子で「約70％」という数字がサービスゲームのキープ率の高い数字と言われ、この数字以下、男子で「約50％」、女子で「約60％」を切ると、そのセットは落とすと言われています。

ここで改めて亜細亜大学の学生の50％、全国レベルの高校生の40％、

地域レベルの高校生の30％、都道府県レベルの高校生の20％という確率を思い出すと、それがいかに問題であるかがわかると思います。

1ゲームの平均ポイント『6ポイント』のうち、ファーストサービスを何本入れないとサービスキープができないかは、もうわかりますね。6本中3本、ファーストサービスを入れても、それは50％にしかならないわけです。『6本中4本入れて初めて約67％』の確率になるわけです。しかも、ただ入れるだけではなく、狙ったところへ作戦的に入れながらの確率でなければなりません。

こうして考えていくとサービスがどれだけ大切であるかがよくわかってきます。そこに多くのエネルギーを注ぎ込まなければならない理由もよくわかるはずです。この話を学生や高校生にしたときから、彼らは一日中サービス練習に取り組むようになりました。

3セットの平均
サービス本数は
135本
1セットの平均
サービス本数は45本
サービスキープ
するにはせめて
6本中4本
ファーストサー
ビスを入れる！
約67％
の確率は
最低限必要

4 自分の実力を知らなければ上達はできない サービス力を上げなければ作戦は立てられない

2006年秋に有明コロシアムで行われたＡＩＧオープン準々決勝、世界1位のロジャー・フェデラー対日本のエース鈴木貴男の一戦はすばらしい試合でした。4－6、7－5、7－6（3）という大接戦の末、フェデラーが勝利を収めました。この試合の両選手のファーストサービスの確率を見てみましょう。

●フェデラー
（88本中60本入） 68％

●鈴木貴男
（111本中68本入） 61％

さらに、サービスのポイント獲得率もご紹介しておきましょう。

●フェデラー
（88本中69ポイント獲得） 78％

●鈴木貴男
（111本中74ポイント獲得） 67％

両者ともサービス力が高いことで知られるプレーヤーですが、この試合はその力を存分に出した見応えのある試合でした。最後に勝ったフェデラーのデータにはこんな数字もあります。各セットのファーストサービスのポイント取得率です。

●第1セット
（20本中15ポイント獲得） 75％

●第2セット
（15本中14ポイント獲得） 93％

●第3セット
（25本中23ポイント獲得） 92％

非常に高確率です。ゲームが進むほど鈴木は、フェデラーがファーストサービスを入れるとほとんどポイントが取れなかったことを意味しています。

これだけの確率でサービスをコントロールしているからこそ、彼らはゲームをコントロールできるのです。このことを知ると「自分のサービスの実力」をきちんと把握して、その実力を着実に上げる努力をしていかなければならないことがよくわかると思います。レシーバーのいない、何のプレッシャーもかからない状況下（前述したテスト）で10本中2本しかコントロールできない実力では作戦など立てられるわけがありません。「どこに」「どんな」サービスを入れて…戦術的サービスなくして試合に勝てるわけがないのです。

まずは簡易テストでサービスの確率を測ってみましょう。そして、その確率を上げる練習を常に行うようにしましょう。サービス練習は〝余り時間〟に行うものではありません。

PART 3

必ずうまくなる効果的練習

達成型練習のすすめ

サービスは余った時間で練習するのではなく目標が達成できるまでやる！

『達成型練習』と『時間型練習』うまくなるのはどっち？

ゲームは修正の連続です。打ちたいボールを打ちたい場所にどうやったら飛ばせるか、そのための修正を続けながらゲームは進んでいきます。もちろんサービスというテクニックも修正が必要であり、「修正する力」を身につけていかなければなりません。

ところが、PART2「サービスを打つ前に」の章でもお話ししたように、サービス練習は疎かにされがちです。一日の限られた練習時間の中で「余った時間でやる」というプレーヤーが非常に多いものです。しかし、サービス力なくして作戦は立てられませんから、余った時間でやっているようでは、本当のサービス力は身につかないのです。

今日からみなさんは「できるまでやる」という意識をもちましょう。サービスエリアにターゲットをつくり、それを狙う練習をします。両サイドのコーナーとセンター、さらに相手のボディにいくようにサービスエリアの真ん中にもターゲットをつくり、ゲームを想定して、各サイド交互に2本ずつサービスを打ち、それらのターゲットに入るまで練習しましょう。「できるまでやる」という練習を『達成型練習』と呼びますが、みなさんは、これからは『達成型練習』を心掛けてください。

一方、同じようにターゲットを狙う練習をしても、練習時間は15分、時間内に達成できなくても、「時間がくれば終わり」という練習を『時間型練習』と呼びます。さて、達成型と時間型。どちらの練習が「できるようになる」と思いますか？ すぐに答えは出ますね。

できるまでやる達成型練習をした方が、時間で区切る時間型練習より、はるかに効果は上がります。練習環境にはさまざまな制約があるのは想像がつきますが、できる限り工夫して『達成型練習』をすることです。その意識のもと、行う練習の方が必ずうまくなれます。

サービスが本当にうまくなりたい人へ 上達する人の「時間割(スケジュール)」を大公開

テニスのゲームは大きく3つの局面から成り立っている

テニスは効果を予想して、そのために意図したプレーをする

第1局面(序盤)
ポイントの最初の場面
▼
サービス／リターン

第2局面(中盤)
お互いを探り合う場面
▼
ストローク

第3局面(終盤)
最後の決めの場面
▼
アプローチ／ボレー
スマッシュ／ロブ／パスなど

- 目的を満たすために必要な技術を使う（これを戦術的技術と呼ぶ）
- もっとも確率の高いプレーを選ぶ
- 最終的にどうやってポイントを取るか

あなたの3つの局面についての習熟度は?

例：おそらくこんな結果が出るだろう

第1局面	第2局面	第3局面
（例えばサービス）	（例えばストローク）	（ウイニングプレー）
40%以下	70%以上	50%以下

そんなあなたは、どのような時間割で練習を行っているだろうか

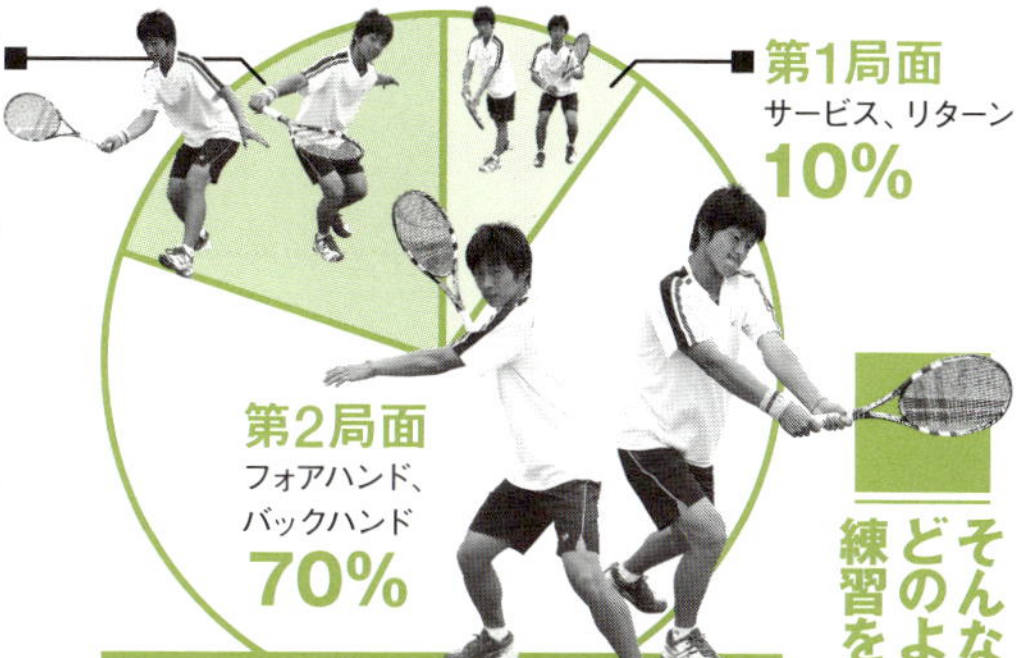

第3局面
アプローチ、ボレー、スマッシュなど
ウイニングプレー
20%
第1局面
サービス、リターン
10%
第2局面
フォアハンド、
バックハンド
70%

ある日の例

	"3時間"の練習時間の配分 練習割合（100%の内）➡内容
第1局面	時間があったら30分かそれ以下 **10%** ➡ 軽くならす程度
第2局面	1時間以上2時間（ストローク中心） **70%** ➡ 気合を入れている
第3局面	残り30分 **20%** ➡ 応用練習

この時間割が非常に多い

習得率の高い（または、すでに習得している）第2局面の練習が多くて、習得率の低い（まだ習得できていないと自覚している）第1局面と第3局面の練習が少ない――この練習スケジュールでサービスが上達するわけがありません。

Q どうすればいいの??

A もっと、もっと、サービスを練習しなければいけない!

もっとサービス練習に時間を割かなければいけません。ここまで読めば、その必要性は必ずわかるはずですが、別の角度からサービスの重要性についてもうひとつアドバイスしましょう。あるポイントのA選手とB選手のプレー内容を書き出してみました。この1ポイントは6プレーあったとすると…

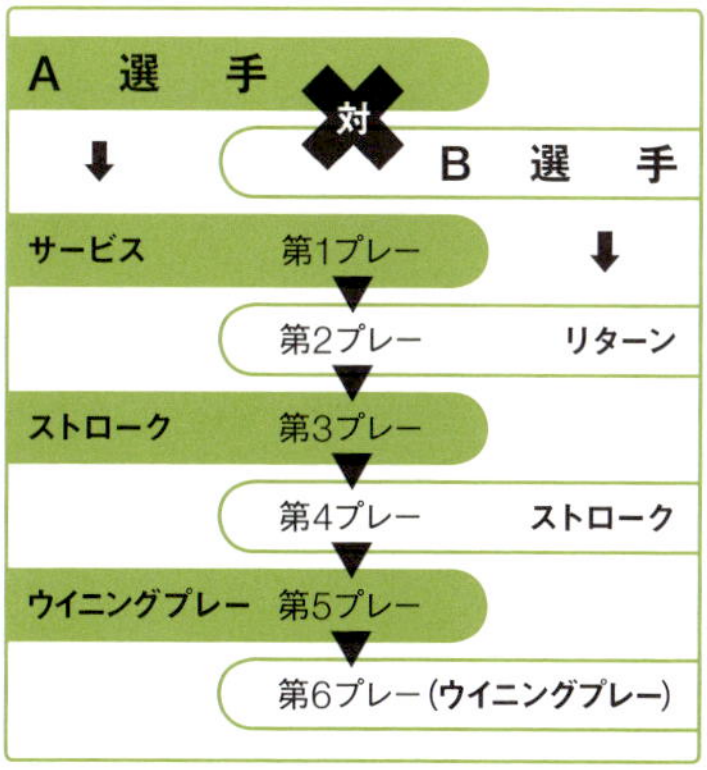

A 選 手
対
B 選 手
サービス 第1プレー
第2プレー リターン
ストローク 第3プレー
第4プレー ストローク
ウイニングプレー 第5プレー
第6プレー（ウイニングプレー）

A選手は第1局面の「サービス」を1回、第2局面の「ストローク」を1回、第3局面の「ウイニングプレー」を1回プレー。B選手も「リターン」に始まり同じです。この場合は、ふたり合わせて合計6プレーしていますが、それ以上のプレーがあったとすれば、第2局面の「ストローク」数が増えることになります。

サーフェスや状況にもよりますが、1ポイントのストローク数はおよそ6～8プレーと考えられており、もちろん、それ以下で終わるときもあります。しかし、いずれにせよ、必ずプレーするのが第1局面の「サービス」です。これだけはどんなときも必ずプレーするものです。だからこそ、それを踏まえて練習しなければいけません。なぜなら、プレーはサービスから始まるのですから。

必ずうまくなる効果的メニュー サービス練習のポイント

その前に

Q サービスボックスはどこですか？

サービスボックスは本来狭いが広くとらえているプレーヤーが多い

サービスボックスはイラストの斜線部分を指します。サービスエリアのおよそ2分の1か、ひょっとすると3分の1くらいです。ネット付近は原則としてサービスが入るエリアではありません。もちろん「テニスコート」で考えれば、ネット付近はドロップショットやドロップボレーなどを使って狙うことがあるところですが、サービスではありえないのです。

これを勘違いしているプレーヤーが多く、サービスエリア全体をイメージしてサービスを打っています。本来は入らない場所も、入ると錯覚を起こしていることに気づかないといけません。ネットから見えるサービスラインはいわば〝幻〟です。ゴルフにたとえるとネット付近は池で、その池を越えてグリーンに乗せなけ

A

ココです。

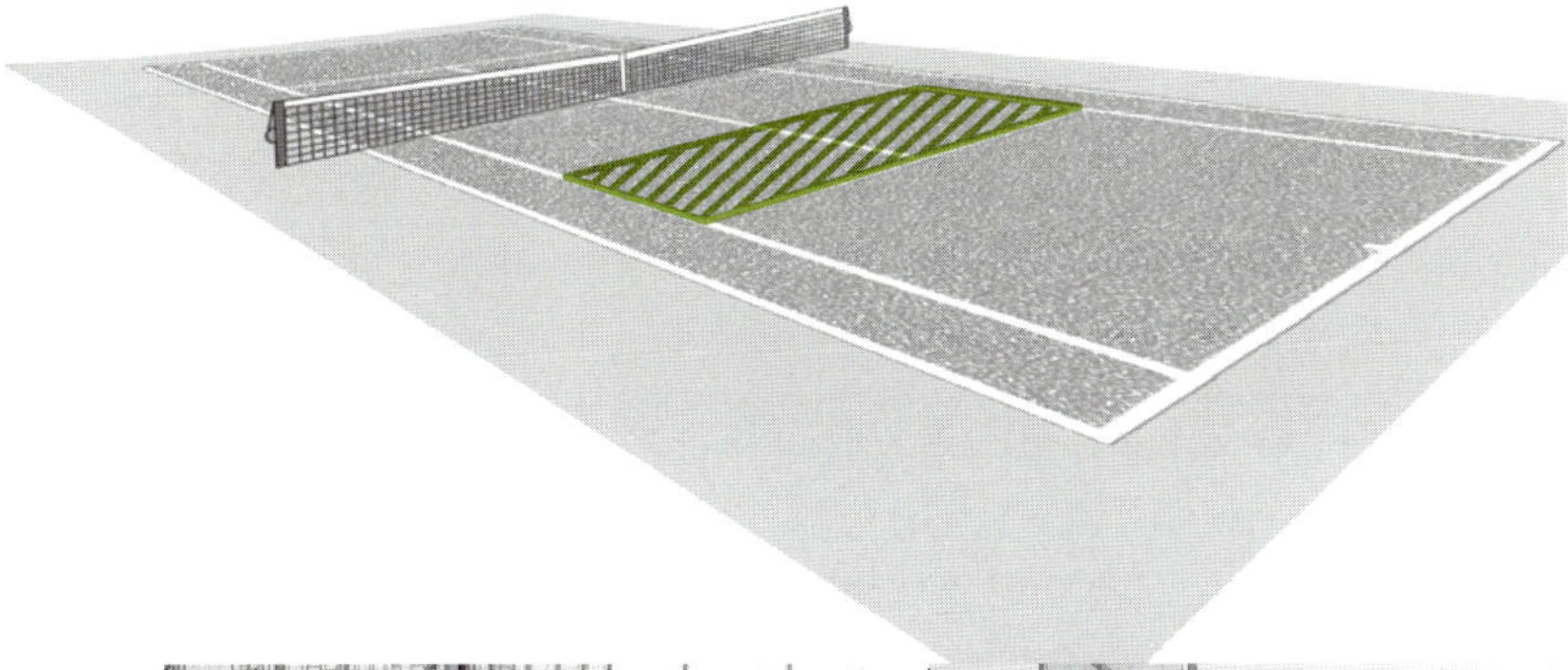

2

1

3

4

1→4 ネットよりも上にサービスラインが見える位置まで180㎝のプレーヤーが移動。どれだけネットを挟んで死角が多いかわかる。

ればなりません。さらにグリーンに乗せてからカップも狙わなければならないのです。だからサービスは、もっと慎重に、真剣に取り組むべきものです。

それでは正しい理解のもと、サービス練習に取り組みましょう。

練習 1

できるだけレシーバーを立てて実戦と同じ状況をつくる

練習 2

対人でお互いにターゲットを狙い、競争心をあおる

試合で受けるプレッシャーと同じものを練習でつくり出すのはむずかしいものです。そこで『対人型練習』にしてレシーバーを立たせ、サービス練習をしましょう。ターゲットも置いて、お互いが狙うようにすると、集中力も高まりますし、競争心もあおることができます。

サービスの練習では多くの場合、複数のプレーヤーが横に並んで練習する時間となり、もっとも私語の多い時間でもあります。しかし、それはやめて、この練習に変えましょう。仲間がネットの向こうにいれば、もっと集中して練習できますし、もっと考えながら練習できます。

練習
3
サービスは基本的に深く打つ

サービスが深ければ、相手は踏み込んでリターンできませんが、サービスが浅ければ、相手は踏み込んで攻撃することができます。

練習
4
ターゲットは、最初は大きく、少しずつ小さくしていく

練習
5
ターゲットはできれば「ワイド」「ボディ」「センター」×両サイド＝6つ置く

練習 6

ルーティンを保つ

練習中から常に試合を意識することです。試合での次のポイントまでの「20秒間」は大切な時間であり、作戦を考える時間です。前のポイントの後悔・反省をする時間では決してありません。

試合ではそのプレッシャーから、ルーティンが崩れることがあり（ルーティンが早くなったり遅くなったり）、あるいは外部からの妨害を受けて（隣りからボールが入ってきたり、相手レシーバーにしきり直されたり）リズムを崩されることがあります。そうしたことに対しても「準備」をするつもりで、自分のルーティンをつくる練習を常にすることが大切です。

1 例えば試合と同じ状況を想定して、転がっているボールをとりにいき、ボールを2個揃えるところから始める。

2 サービスポジションへ移動しながら、次のポイントをどうやってプレーするか作戦を考え始める。前のポイントを振り返って後悔している暇はない。

3 呼吸を整えながら、次のポイント展開をイメージする。どんなサービスをどこへ打ち、どんなリターンが返ってきて、どんなプレーをするのかという「3プレー」を目安に考えておく。

4 サービスポジションに入る。一度相手の様子を見る。

5 ボールを地面につくなどして呼吸を整え、モーションをスタートさせる準備をする。

6 構える。もう一度相手の様子を見て、サービス（プレー展開）を思い描いてからスタート。

7 8 サービスを打ったあとは、続くプレーをイメージして必ず構えること（リターンに対して構える）。

9 ボールカゴをフェンスの近くに置くのではなく、ネット寄りに置いて練習すると、そこへ向かって動く癖がつけられ、体重を前に乗せる練習にもなる。より攻撃的なサービス練習ができる。

例：試合と同じ行動をとり、練習を試合に近づけていく

練習

7 実戦と同じように各サイド交互に2本ずつ打つ練習を必ず取り入れる

常に実戦（プレー展開）をイメージして1ポイント1ポイントを意識してプレーしましょう。

練習

9 セカンドサービスをベースに練習する（大会直前は特に重要！）

一般的にサービス練習というと、ほとんどのプレーヤーがファーストサービス、あるいは自身の最速サービスを打つ練習をします。ところがそのサービスは、試合で半分くらい、あるいはそれ以下の確率でしか入らないサービスです。

本来、サービス練習の一番の目的は、サービスキープをすることにあります。サービスキープの鍵はセカンドサービスにあり、ファーストサービスと同じくらい重要なものです。だから、セカンドサービスをベースにして、そこに5％、10％の回転量、速度をコントロール（±）していく練習をしなければいけません。

ファーストサービスは、セカンドサービスを強くしたものです。セカンドサービスは、ファーストサービスを弱くしたものではありません。その意味がわかってくると、ただ単に強いサービスを打つだけのサービス練習をこれからもしようとは思わないはずです。

練習

8 狙ったターゲットに対してミスをしたら、少しずつ修正して近づけていく

70-73ページで解説している『9ボール修正法』がおすすめです。

1 2　3　4　5

練習 10
いろいろな場所からサービスを打つ

一定ポジションから打つだけがサービス練習ではありません。さまざまな場所から打つことで回転、回転量、速度、深さ、角度などの調整力を養うことができます。

練習 11
フェンスの外からサービスを打つ

フェンスの外からサービスを打って、サービスエリアを狙う練習です。高いフェンスを飛び越えて、打ちたい場所にボールを落とすには、放物線を描いたサービスが必要です。それを打つためには必然的に、右斜め上方向を向いて、上に向かって動作しなければできないので、自然にサービスの正しい「動作」と「ナチュラルスピン」が覚えられます。

練習 12

風の日は逞しくなるチャンスだ!

ものすごく風の強い地域で練習したときのことです。学生が何度もトスを上げ直すのを見て思いついたことがありました。向かい風や追い風、右風、左風と、さまざまな風に対して自分がトスを調整する力を身につけることも大切ですが、テニスはアウトコートでプレーする機会が多いスポーツですから、それを踏まえて、いろいろなトスをターゲットにもっていくという練習も必要だという発想が出てきました。もちろん、ある程度しっかりしたスイングを身につけているプレーヤーが前提の話です。

フォアハンド、バックハンド、ボレーなどは、むずかしい状況からでもそのボールをターゲットにもっていく練習を普段からしているのに、サービスだけはトスを上げ直せるというルールがあることから、自分でいいと思うトスしか打たない習慣があります。ところがそれしかしないため、微妙な調整力が養えていないということも言えます。

アウトコートでのプレーは太陽が眩しいこともあり、トスを微妙に調整しなければならないことが多々あります。そして風の日には、風を利用したプレーの方法もあります。風上のときはスピン量を減らして強めに打ったり、風下のときはスライス系の回転をかけて風にぶつけて低いボールを打ち出したりとか、そうした風を利用したプレーや、風でトスが乱れてもそれをターゲットにもっていくプレーなどは、非常に貴重なトレーニングです。これは小手先で打つ練習をしようと言っているのではありません。風の日は、体の向き、体の使い方、ボールへのラケットの当て方などの調整力を養う貴重なトレーニングの場になるということが言いたいのです。そう考えて普段から練習しておくと、風の日が嫌だと思わなくなります。

あらゆるテクニックで応用できる 9ボール修正法

CHECK 1

ボールコントロールに使える 9ボール法とは

例えば74ページの『サービス練習表』を使って、10本中何本、ターゲットエリアにサービスが入ったか数えてみましょう。それを知った次は、次回打つ10本をどうすればさらにターゲットに近づけられるかを考えることが大切です。前回よりも次回よくなるように修正する練習をすること、それを繰り返すことが大切です。だから、打ちっぱなし練習は絶対にやめましょう。

本書ではすべて『ナチュラルスピンサービス』を基本サービスとして指導しています。そのことを踏まえておいてください。12―13ページの「インパクト」ももう一度チェックしておきましょう。『ナチュラルスピンサービス』はボールを斜めにとらえますが、これを前提に次の練習に入ります。

狙ったターゲットに対して打ったサービスがフォールトとなった場合、どれくらいずれたのかその地点をしっかり確認することです。そしてミスはどうして起きたのかを考えてみます。『9ボール修正法』というのは、打点を9個のボールに見立て、ミスを修正するときの目安とするやり方です。9ボールのどれを打ったからミスが起きたのかをイメージできるようになると、次回ターゲットに近づけるためには、9ボールのどれを打てば近づくかがイメージしやすく

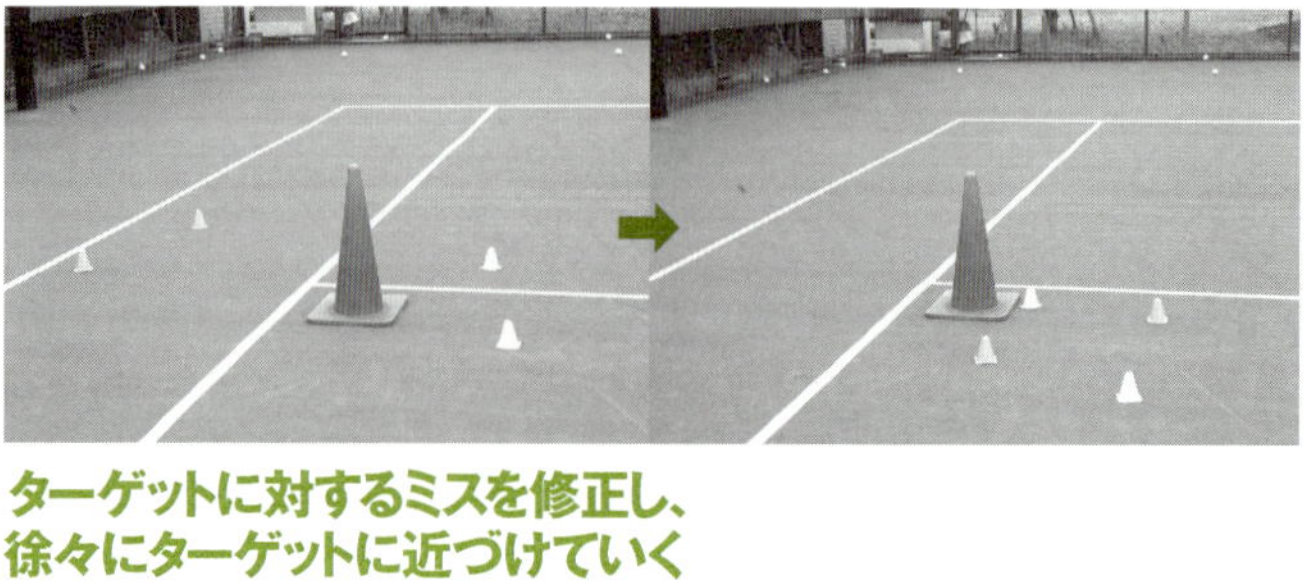

ターゲットに対するミスを修正し、徐々にターゲットに近づけていく

なります。狙ったターゲットに対して１ｍ左へそれたのか、１ｍ深かったのか、それとも50㎝手前だったのか…、そうした結果を修正するのに『９ボール修正法』の考え方は役立ちます。

**打点を
9個のボールに見立てて
どれを打つと
どのあたりに行くという
イメージをつくる**

check 2

サービス、スマッシュの9ボール修正法

サービスとスマッシュは同じ考え方になります。

サービスは右利きの場合、動作方向が「右斜め上」で、打球方向が「左斜め下」となり、ボールに対してラケット面が斜めに当たり、ナチュラルスピンがかかります。そのことから『9ボール修正法』の考え方は、次のようになります。

プレーヤーの頭上に描いた9ボールは反転します。「5」で打てば「5」に落下しますが、これを基本軸として「6」でとらえるとボールが体に近いため手首がリバースして（手首が体の近くから外側へ返るので）「6」へいきます。「4」でとらえるとボールが体から遠いため手首があまり返らず、擦れた当たりをして「4」にいくのです。前列「1／2／3」でとらえればボールは深くなり、後列「7／8／9」でとらえればボールは浅くなります。左列「3／6／9」でとらえればボールはターゲットよりも右へ飛び、右列「1／4／7」でとらえればボールはターゲットよりも左へ飛びます。こうした傾向から落下地点を見て、狙ったターゲットに対してどれだけずれているかをイメージして、トス、打点、スイング方向などを修正するヒントにしてください。実際にボール1個、2個分ずらして、打ち方を変えるという発想のものではなく、ごくわずかなイメージや動作の修正に役立てるものとしてほしいと思います。

check 3

フォアハンド&バックハンド、ボレーの9ボール修正法

動作方向と打球方向がともに「後ろ」から「前」となるフォアハンド、バックハンド、ボレーでは、『9ボール修正法』の考え方は前列「1／2／3」でとらえればボールは深く「1／2／3」へ、後列「7／8／9」でとらえればボールは浅く「7／8／9」へ、また右列「3／6／9」でとらえればボールは右「3／6／9」へ、また左列「1／4／7」でとらえればボールは左「1／4／7」へ飛びます。こうした傾向から落下地点を見て、狙ったターゲットに対してどれだけずれているかを知り、打点、スイング方向などを修正するヒントにしてください。

結果を次に生かす『9ボール修正法』

サービス、スマッシュ
Before & After

前列「1／2／3」でとらえればボールは深くなる
後列「7／8／9」でとらえればボールは浅くなる
左列「3／6／9」でとらえればボールは右へ飛ぶ
右列「1／4／7」でとらえればボールは左へ飛ぶ

フォアハンド&バックハンド、ボレーの場合
Before & After

前列「1／2／3」でとらえればボールは深くなる
後列「7／8／9」でとらえればボールは浅くなる
右列「3／6／9」でとらえればボールは右へ飛ぶ
左列「1／4／7」でとらえればボールは左へ飛ぶ

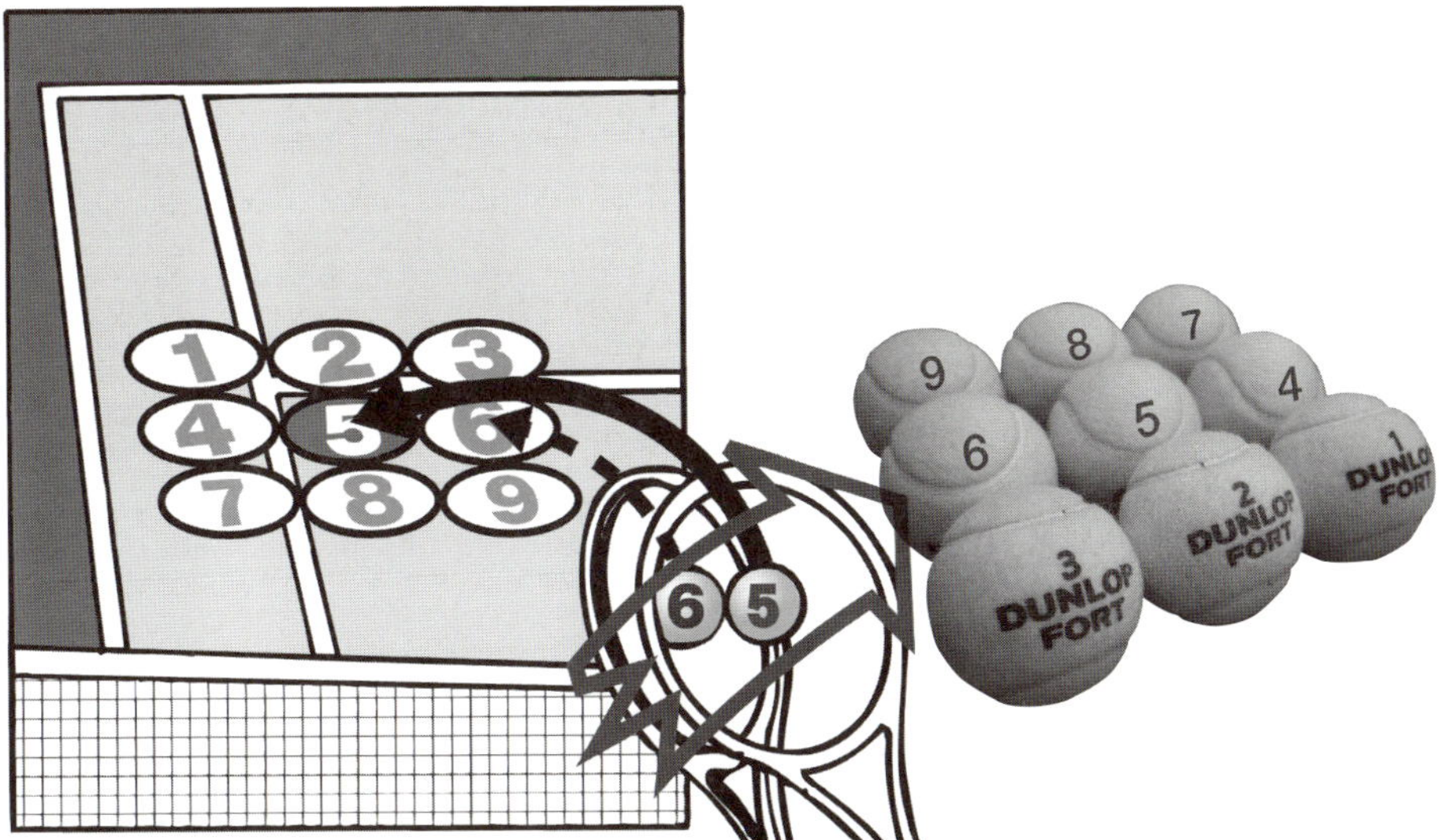

フォアハンド&バックハンド/ボレーの場合

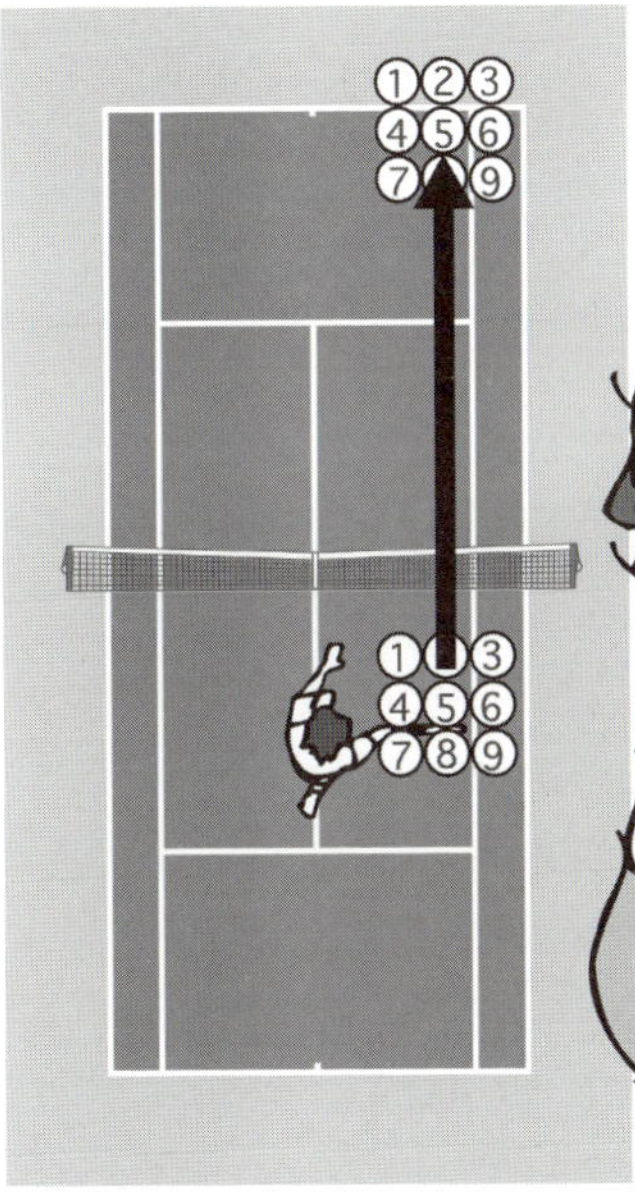

サービス/スマッシュの場合

自分の実力を知ろう！ サービス練習表

目的

自分のサービスの確率、コース、得意・不得意なサービスを知り、サービスの質を上げる。ミス（またはズレ）に対する修正効果を上げる。サービス練習はサービスキープにつなげることが大きな目的であり、最速サービスを打つことが目的ではない。一方、的に当てることだけが目的ではなく、競ったとき、プレッシャーがかかったときに使える（効果がある）さまざまなサービスをものにしていくことが目的である。

練習 1

A、B、C、Dの各エリア（シングルスポール2本×1本のエリア）に、サービスを10本打ち、そのうち何本入ったかを記録する。A～Dのトータルおよびアベレージ（Av.）も計算し、日々、この確率を上げられるように練習する。

練習 2

練習1の次に、今度は各エリア（同）にターゲットを置き、そのターゲットに当たるまで練習する。そのとき何本打ったか、何分かかったかを記録する。A～Dのトータルを計算し、日々、少ない時間で少ない本数で当てられるように（確率を上げられるように）練習する。

練習 3

練習1、2にバリエーションをつける。各エリア（同）に対して、狙う順番を決めてから練習1＋2を行う。例えば、A・Bいずれか→C・Dいずれか、A→C→B→D、D→C→B→Aなど。「狙う」と決めたターゲットをしっかりクリアすること。

練習 4

練習1～3に、さまざまに目的を設定してスピンのコントロール、例えば回転量、速度などのサービスバリエーションも設定して行うことも大切だ。相手のリターンの良し悪しがその後のポイントにつながることを意識して行うこと。

注意

自分の実力を測って、その結果を見て全体の修正をする。または一球ずつの結果を見てそれを修正する。そしてそのサービスが相手に対してどんな効果があるのかを測るなど、この練習表をもとに実戦につなげていくことが大切だ。この練習表を完璧にすることが目的ではなく、サービスを修正しながらレベルアップして、実戦の効果を高めることを目指したい。

練習 1

各エリアに 10 本中何本入ったか

月日	Ⓐ	Ⓑ	Ⓒ	Ⓓ	Total（本／本）	Av.（本／本＝%）
例	4/10	5/10	6/10	5/10	20/40	50%
	/10	/10	/10	/10	/40	%

練習 2

各エリアのターゲットに当たるまで何本打って何分かかったか

Ⓐ	Ⓑ	Ⓒ	Ⓓ	Total（本／分）
50/20	38/12	22/5	30/10	140/47
/	/	/	/	/

PART 4

これを知らなきゃ始まらない

サービスの基本を知る

このサービスは問題点がいっぱい！どこが悪いと思う？

前からチェック

横からチェック

後ろからチェック

これらは上達がむずかしい「入れるだけサービス」3大ダメポイントはココだ！

PART 4
サービスの基本を知る

✖ グリップが厚い

写真はイースタングリップです。このような「厚いグリップ」で握ると、構えたときに体が正面を向いて、ラケットヘッドが打球方向を指します。さらに厚いセミウエスタンやウエスタングリップで握ると、ラケットヘッドは右方向を指します。このとき厚く握るほど、ラケットフェースも下向きになっていくのが特徴です。

なぜ厚いグリップがダメなのかは、読み進める中で理解できるでしょう。正しいサービスのグリップはコンチネンタルグリップ＝「薄いグリップ」です。薄いグリップで握ると、構えたときに体はほぼ横を向き、ラケットヘッドが左方向を指します。このときラケットフェースは自然な状態で上を向きます。

構えたときにラケットヘッドが打球方向、または右方向を指し、ラケット面が垂直、または下を向く

厚いグリップのままテークバックすると、ラケットを打球方向に対して真後ろに引く動きとなるため、当然、トスを上げる手を真正面に振り上げることになります。見た目は両手でバンザイした形です。

このテークバックの問題点は、体のひねりがつくりにくいという点です。現在、このバンザイ型のテークバックでサービスを打っているトッププレーヤーは皆無に等しく、ほとんどのプレーヤーは体をひねり上げる捻転型のテークバックをしてサービスを打っています。

バンザイ型のテークバックになる。

✕ ラケットを背中に担ぐ

テークバックのときに「ラケットを背中に担ぐ」という表現は、今も多くのレッスンで使われているようです。しかし、この表現はサービス上達の妨げになると考えられ、使うべきではありません。

サービスのよいプレーヤーのテークバックを見ればよくわかりますが、誰もラケットを背中に担いでいません。テークバックのときに「ラケットは顔の前」にあるのが正しく、その後、フォワードスイングで体のひねりを戻すときに、ラケットヘッドが背中に（自然に）落ちます。ですから、担いでいるわけではないのです。担ぐという動作を行ってしまうと、ラケットが体に近くなり、背中をかくような距離にきて、耳元から出ます。この動作は、本来行われるべき体全体を使った運動を行わせない原因になります。

ラケットを背中に担ぐと、腕がたたまれ、手が耳に近くなる。

✖ 手首を使う

サービスでもっとも重要なポイントは「手首を使うこと」だと思っているプレーヤーは案外多いものです。しかし、正しくは「手首は使うものではなく、自然に動くもの」です。正しいサービスフォームを身につけると、手首は最後の最後に、自然に動きます。ところが、手首を使いすぎるプレーヤー、あるいは手首を自分で動かしているプレーヤーは、結果的に手首を使いすぎてしまうため、「手首調子」のサービスになって、ダブルフォールトが多くなります。

手首が折れて、伸びている。手首を使いすぎている。

厚いグリップは、ボールに対してラケット面が「下」からなでるように出るため（写真左端）、インパクトのときにアンダースピンがかかってしまいます。そのためスピードが上がらず、ネットの低いところしか通せないため、これ以上のことができず、上達も望めず、競技者には向いていません。このサービスは打球方向に対してまっすぐ動作するため（まっすぐラケットが出るため）、コースを狙いやすいサービスと言えますが、一方でラケット面が向いた方向にしか打てないため、相手にコースを読まれてしまいます。

厚いグリップは体が正面を向き、ラケット面がボールをなでるように出るため、回転がかからない。

サービスの基本形はフラットではなく『ナチュラルスピン』

目指せ！七変化サービス

「グリップが厚い」「ラケットを背中に担ぐ」「手首を使う」などは、サービスに問題があるプレーヤーに見られる特徴です。なぜそれが多く見られるのかを考えていくと、根底に指導方法の間違いがあるような気がしてなりません。「サービスの基本はフラットサービス」という考え方を、どこかで植え付けられたプレーヤーが、ボールに回転をかけないように工夫し、安定したサービスを求めてグリップを厚くし、ラケットを背中に担いで、手首を使うのではないかと思うのです。実は、私がテニスを始めた学生の頃も、ラケットは背中に担ぐもの、基本は「フラットサービス」と言われていました。

当時はウッドラケットの時代ですから、オフセンターショットをすればボールは飛ばないし、ラケットにパワーもなかったので、無理をすると肩を壊すという心配がありました。そのため、バウンド後のボールが強く跳ね上がるという効果の高い「スピンサービス」は、筋力を使い、ボールを下から上に強くこすり上げなければ打てなかったため、むずかしいものとされてきました。だから、スピンサービスよりも「スライスサービス」「フラットサービス」の方がやさしいと順位づけられてきました。ところが今はラケットの性能も格段に上がり、オフセンターショットでもカバーしてくれるようになりました。ラケットそのものにパワーもあります。それが現在のサービスの平均スピードの向上に明らかに関係しています。サービススピードが上がれば、確率も上げなければなりません。そこに「スピンサービス」の重要性が見えてきました。

サービスの基本形は『ナチュラルスピンサービス』です。かつてはむずかしいという言い方をされたものが、今はむずかしいものではなくなりました。女性でもジュニアでもビギナーでも、無理なく打てるショットです。自然な形でかかる「ナチュラルスピン」を基本形に、ボールの回転のかけ方を変え、回転量を変えて、速度（遅い・速い）、深さ（浅い・

深い）、角度（ワイド・センター・ボディ）を多種多様に打ち分けます。サービスエリアに「入れる」よりも、より戦術的に「攻める」のが現代のサービスです。

私はこれを『七変化サービス』と呼んでいます。現代のサービスは、「フラット」「スライス」「スピン」の3種類の回転にとどまらず、「ナチュラルスピン」を駆使して、何種類ものサービスをつくり出せるものなのです。

誰もが憧れる世界のトッププレーヤー、ロジャー・フェデラーはいったい何種類のサービスを打ち分けられるのでしょう。おそらく十数種類です。いつも速度を変えて、最速ばかり狙いません。回転を少なめにして「フラット系」を打つこともあれば、回転を多くして「スピン系」、さらに速度を加えて「高速スピン」を打つこともあります。あるいは回転のかけ方を変えて、ワイドに切れる「スライス系」を打つこともあります。それらを知るとき、サービスがいかに奥深く、また重要で、やりがいのあるショットであるかがわかるでしょう。本書では、この『ナチュラルスピンサービス』を指導していきます。

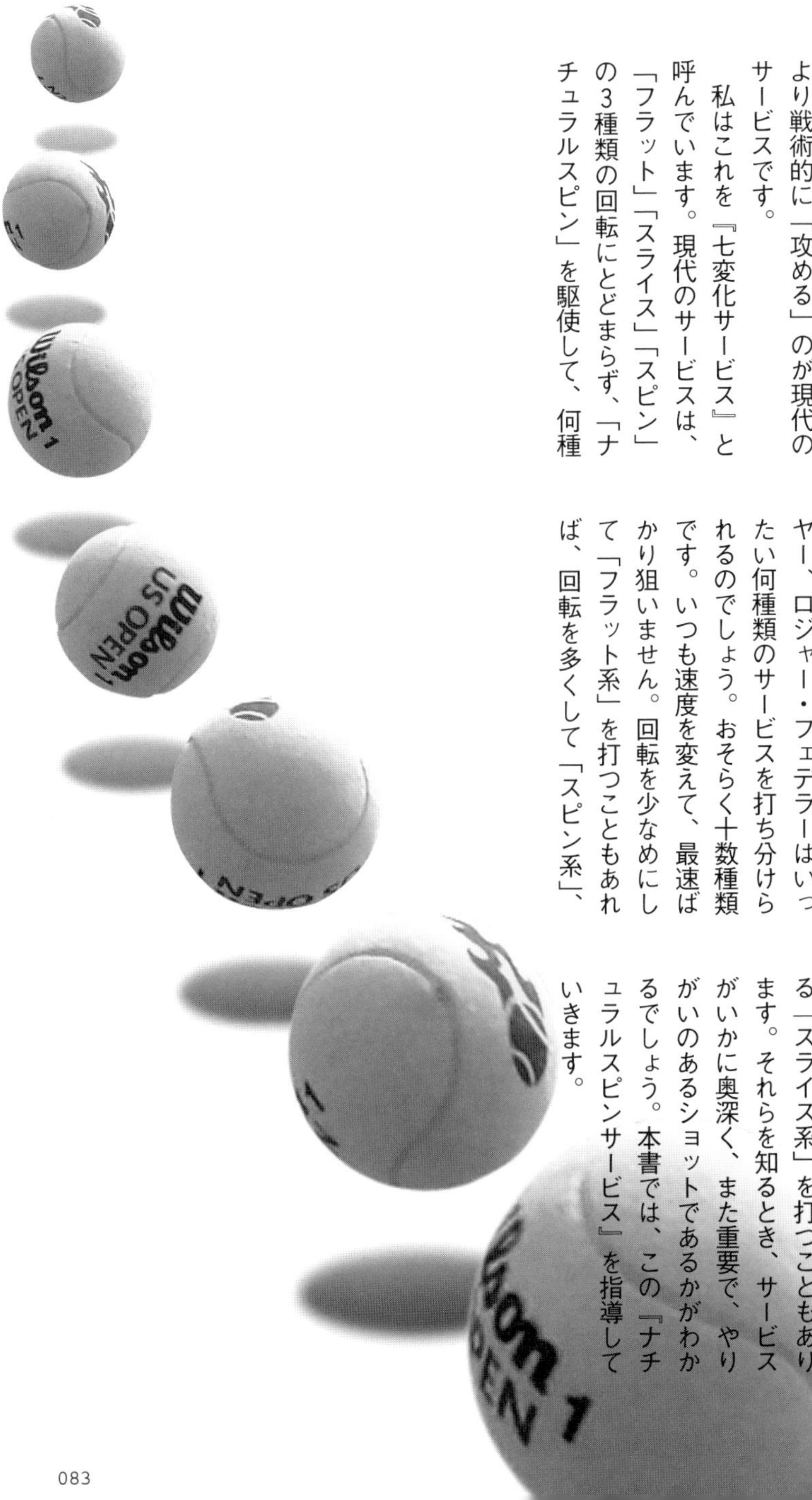

手首と耳の距離は一定。

ラケットは、背中にも肩にも担がない。

下半身からのエネルギーが体幹に伝わるまで左手を静止。

手首の位置を変えずに体のひねりを戻す。

右斜め上方向に、前腕が回る途中にインパクトがある。空で地球儀を回すイメージ。

インパクトは右斜め上、そこから顔を動かさず、前腕を回し続ける。

動作は「右斜め上」、だからフォロースルーは右斜め上となる。打球は「左斜め下」となる。

手首は使わない（手首は折れない点に注目）。

これが何種類ものサービスをつくり出せる『ナチュラルスピンサービス』

グリップはコンチネンタルグリップ。構えたときにラケットヘッドが左方向を指す。このときグリップが薄いほど、ラケット面は上を向く。

テークバックは体をひねることで始まる。

トスアップは、体のひねりと両肩・両腕を同期させて、右斜め前〜横方向にゆっくり低く(高さはインパクトのやや上)。

テークバックは後ろに引くというより、体のひねりにラケットがついてくる形で、体の前を通って顔の前まで。これにともない、ラケットの重心はラケットヘッドにはなく手首寄りとなる。

肘の角度は90度、手首の角度は構えのときと同じ。

時代とともにサービスは変わってきた 従来型サービスと現代型サービスの対比表

	現代型	従来型
サービスの基本は	ナチュラルスピンサービス	フラットサービス
打法	スピン	フラット スライス スピン
回転	フラット系 スライス系 スピン系	無回転 サイドスピン トップスピン
結果	回転のかけ方、回転量、速度を変えて組み合わせ、何種類ものサービスがつくれる	3種類の打法で3種類の回転をかける
解説	現代型サービスは、自然な回転がかかった『ナチュラルスピン』が基本という考え方で、打法はひとつのみ。ただし、回転のかけ方（ボールへのラケット面の当て方）、回転量、速度を変えて「フラット系」「スライス系」「スピン系」サービスをつくり、何種類にも膨らませるという指導である。	従来型サービスは、回転のかかっていない「フラット」が基本という考え方で、「フラット」を覚えたあとで、「スライス」「スピン」を覚えるという3つの打法が指導された。「スピン」は、さらに強く回転をかけると「トップスピンサービス（またはキックサービス、ツイストサービス）」になるという4つ目の打法も指導された。

現代型は
ナチュラルスピン
回転量を変えて
フラット
スライス
スピン
十数種類
従来型は
フラットサービス
スライスサービス
スピンサービス
&
ツイストサービス
PR

サービスはストロークの中でボールの回転が唯一、斜め回転

ボールに対してラケット面を斜めに当てる

『ナチュラルスピンサービス』がもたらす大きな効果について解説していきます。ボールの回転は「斜め回転」です。ボールに対してラケットを下から右斜め上方向に振り上げ、腕が回転している途中にラケット面をボールに斜めに当てるからです。

これはすべてのストロークの中で唯一の回転といっても過言ではないでしょう（厳密に言えば、同じ体の使い方をするスマッシュも同じ。また、ドロップショットなどを打つときに使うサイドスピン＝横回転など、独特の回転をかけるテクニックもあるが、ここではベーシックな考え方として読み進めてほしい）。

フォアハンド、バックハンド、ボレーは、いずれもボールに対して後ろから前に入り、ボールの回転は「縦回転」（フラット＝ほとんど無回転、トップスピン＝順回転、アンダースピン＝逆回転）になります。つまりサービス（スマッシュ含む）は「斜め回転」、その他のストロークは「縦回転」という特徴です。

ところが、サービスの基本は「フラット」という考え方をもち、回転ができるだけかからないように打っている従来型サービスのプレーヤーは、ボールを真後ろからとらえて、後ろから前（あるいは上から下）にスイングするため、ボールには「縦回転」（トップスピンもあれば、アンダースピンもある）がかかります。

この「縦回転」がバウンド後、レシーバーにどのような効果を与えるかを考えましょう。「縦回転」のボールは、バウンド後、レシーバーに対してまっすぐにバウンドするため返球しやすくなります。しかもサーバーが「前」を向いて打つため予測しやすくもあるのです。

しかし、ナチュラルスピンサービスによる「斜め回転」のボールは、バウンド後、レシーバーに対して不規則にバウンドするため返球しにくくなります。しかもサーバーが「横」を向いて打つため予測しにくくもあります。だからナチュラルスピンサービスの「斜め回転」は、レシーバーに対する効果が高いと言えます。

斜め サービス（スマッシュも含む）

ボールの回転は
斜め回転

ポイント
動作方向と打球方向が違う

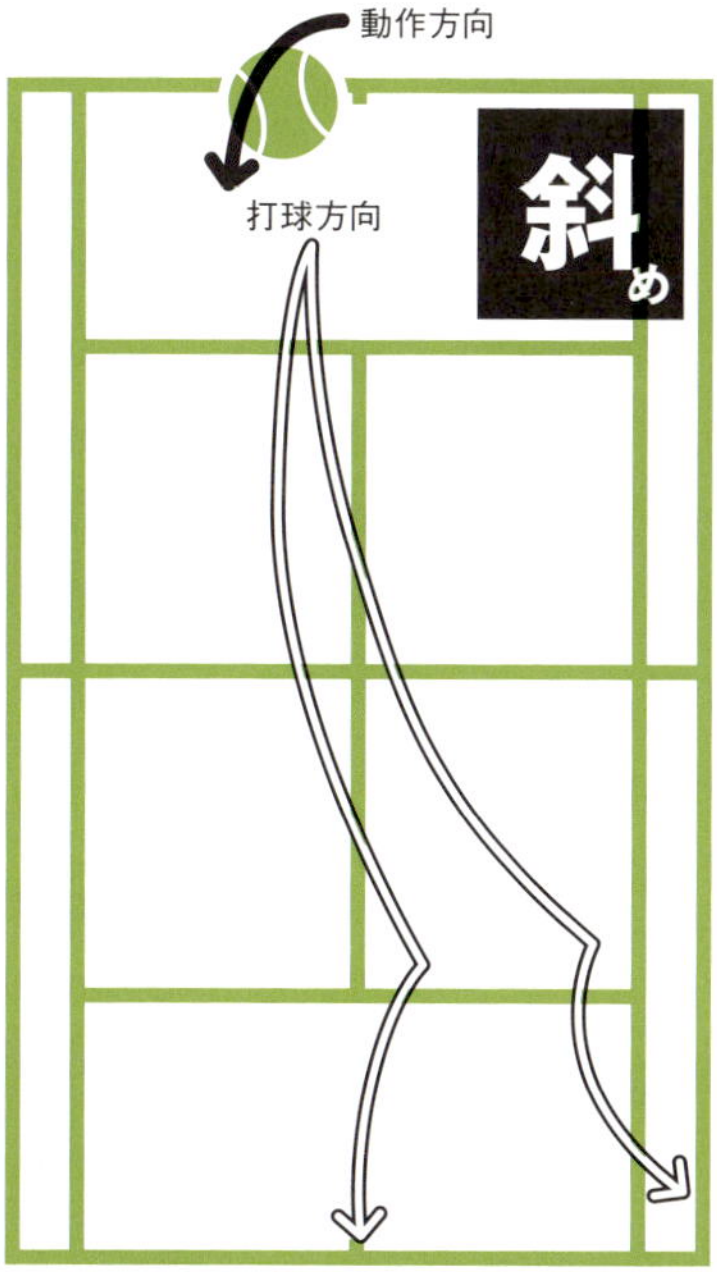

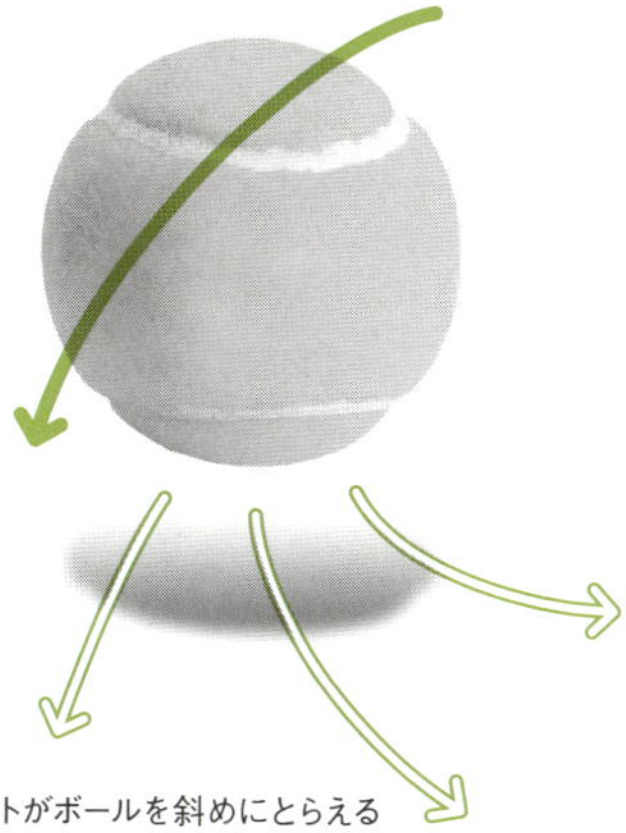

ラケットがボールを斜めにとらえるため、ボールに斜め回転がかかる。

縦 フォアハンド＆バックハンド／ボレー

ボールの回転は
縦回転

ポイント
動作方向と打球方向が同じ

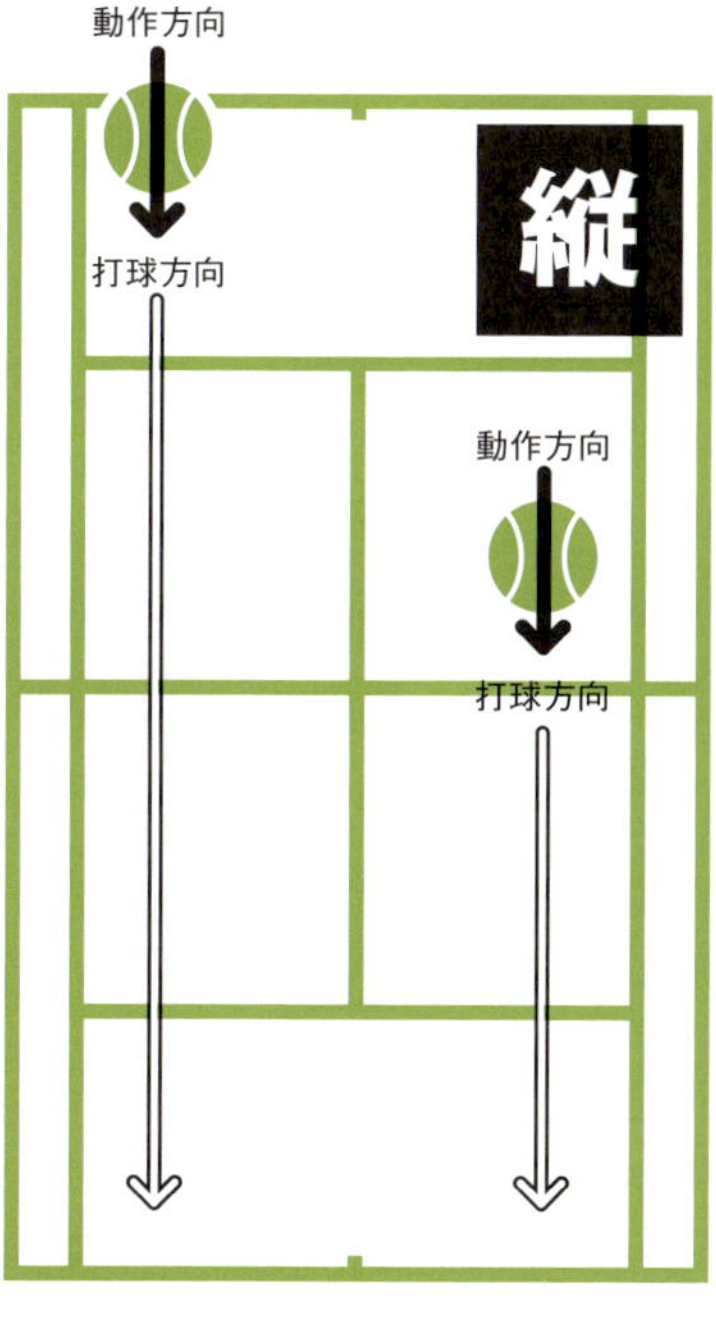

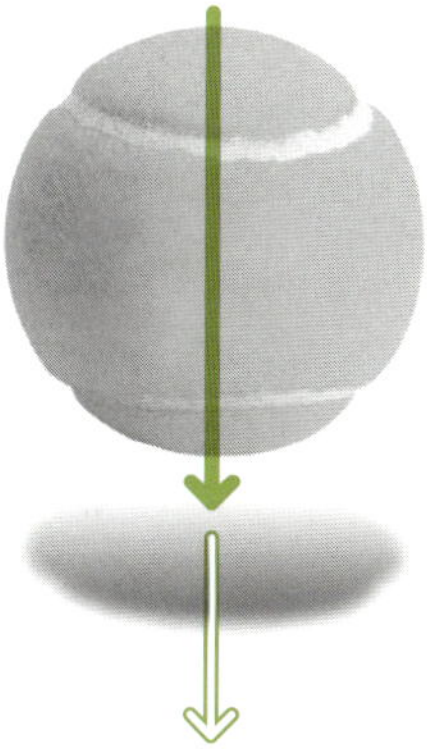

ラケットはボールの後ろをとらえて前に押し出すため、ボールに縦回転がかかる。

フラット
サービスを
打つ
サーバーに注目

ナチュラルスピン
サービスを
打つ
サーバーに注目

どんなサービスを打とうとしているか 予測しやすい

サーバーが「前」を向いて、しかもラケット面がボールの真後ろをとらえているので、球種は「縦回転」で、ラケット面が向いた方向に飛んでくることがだいたいわかる。

どんなサービスを打とうとしているか 予測しにくい

サーバーが「横」を向いて、しかもラケット面がボールを斜めにとらえているので、どこへどんな種類のサービスを打ってくるか予測しにくい。

縦
動作方向
打球方向

斜め
動作方向
打球方向
打球方向

縦 厚いグリップで打つ フラットサービス

ラケットがボールの後ろをとらえて前に押し出すので、ボールに縦回転がかかる。右の『ナチュラルスピンサービス』と比較するとよくわかるが、このボールはレシーバーに対してまっすぐにバウンドするため、レシーバーは返球しやすく、また、そのときサーバーは「前」を向いて打つので、レシーバーにとって予測しやすい打法と言える。

斜め 薄いグリップで打つ ナチュラルスピンサービス

ラケットがボールを斜めにとらえ、ボールに斜め回転がかかると、このボールはバウンド後、レシーバーに対してまっすぐ、あるいは左右いずれかに曲がってバウンドするため返球しにくくなる。しかも、そのときのサーバーは「横」を向いてボールを打つため、レシーバーにとって予測しにくい打法と言える。

打球方向
動作方向
縦
フォアハンド&
バックハンドストローク

後ろから前にボールを押し出すことで縦回転がかかり、そのボールは相手に対してまっすぐ飛ぶ。ボレーも同じ考え。

縦
動作方向
打球方向
ボレー

PART 4
サービスの基本を知る

斜め回転したサービスはバウンド後、イレギュラーする

サーバーが横向きで打ち不規則にバウンドする

『ナチュラルスピンサービス』がもたらす大きな効果はもうひとつあります。バウンド後、レシーバーに対してボールが変化することです。イレギュラー＝不規則にバウンドします。

『ナチュラルスピンサービス』は、回転のかけ方（ボールに対するラケット面の当て方）を変え、回転量（多い・少ない）を変えれば、さまざまな球種を生み出すことができます。

回転量を少なくしてスピードを出していくことで「フラット系」が打てますし、より斜めにボールをとらえてサイドに切れていくようにすれば「スライス系」が打てますし、回転量をさらに多くしていけば「トップスピン系」が打てます。さらに回転量を加減すれば、バウンド後の高さ（低い・中間・高い）も変えられますし、速度（例：時速140／160／180㎞）も変えられます。トスの位置をわずかに（前後・左右に）ずらし（体の傾きを変え）、ボールへのラケット面の当て方を変えれば、飛ばす方向（まっすぐ／左へ曲げる／右へ曲げる）も変えられます。それらはレシーバーにしてみれば、毎回違う種類のボールを受けることに

1 ネットの上方を通せるので「安全」である

ラケット面がボールを斜めにとらえるため、ナチュラルスピンがかかる。そのボール軌道は放物線を描くため、ネットの上方を通すことができ、「安全」である。

2 サーバーの動作を見ても、レシーバーは予測しにくい

サーバーが「横」を向いて、ラケット面をボールに斜めに当てるので、どこへどんな種類のサービスを打ってくるか予測しにくい。

3 レシーバーのポジションを左右に動かすことができる

（あるいは、その場にとどめることができる）

ボールを左右に曲げることも、ほぼまっすぐに打つこともでき、つまり、ボールをイレギュラーさせることができるので、レシーバーに予測をさせず、かつ大きく動かすことができる。

なり、予測しにくく、打ちにくいボールとなるのです。

ところが、サーバーがフラットサービス（無回転）しか打てなければ、ボールはイレギュラーしません。レギュラーバウンドしかしないため、レシーバーはバウンド後のボールが直進してくることだけイメージしていればよく、反応さえできればイレギュラーバウンドのボールより明らかに返球しやすいと言えます。

またサーバーはコースを打ち分けること以外に選択肢がなく、フラットサービスは速いサービスで相手を威圧する以外、速度のコントロールにも限界があります（緩急がつけにくく、緩く打てばレシーバーの格好の餌食になってしまう）。そして何より、ネットの上を高く通すことのできるスピンサービスと違って、回転のないフラットサービスはネットの上ギリギリを通さなければならず安全性に欠けるのです。

相手のレシーブ力を落とす戦術的サービスを打て！

「どこにどう入れるか」の前に「どう打たせるか」を考える

サービスの習得、強化に取り組むとき大切なことは、サービス技術を向上させること、それ以上にレシーバーがそれをどのように受けるかということを考えることです。「相手のレシーブ力をいかに落とすか」、これを意識してサービスに取り組まなければ、本当の意味でサービスは武器になりません。自分がサービスを「どこにどう入れるか」の前に、レシーバーにそのサービスを「どう打たせるか」、それを考えてサービスに取り組むべきです。サーバーはレシーバーをコントロールできるのであり、サービスは戦術的に打つべ

4 レシーバーの打点の高さを変えることができる

ボールのバウンド後の高さを変えることができるので、一定の打点でとらせない。

低く　中間　高く

きです。

　レシーバーがもっとも嫌なことは、サービスが不規則（イレギュラー）に飛んでくることです。それがもっとも予測しづらく、リターンしにくく、ミスにつながりやすいからです。だから、サーバーは常にレシーバーにどのようなリターンを打たせたら効果があるかを考え、情報を集めながらサービスを打ちましょう。そこに『ナチュラルスピンサービス』を基本形とする大きな理由がまた見えてきます。

5 レシーバーを撹乱することができる

ボールのスピードを変えることができるので、一定のリズムでとらせない。速いサービスばかりだと相手は慣れてしまうが、そこに遅いサービスを加えることで、相手を惑わすことができる。

これらの効果の組み合わせ次第で、何種類ものサービスを生み出すことができる！

本気で上達したいならコンチネンタルグリップ

コンチネンタルグリップの重要性

『ナチュラルスピンサービス』を覚えるには、グリップは、薄いグリップ＝コンチネンタルグリップでなければなりません。ところが、厚いグリップ（イースタングリップやセミウエスタングリップ）でサービスを覚えてしまうと、サービス力の限界はすぐにやってきてしまいます。

そのことは、98―101ページの図をご覧になれば一目瞭然です。厚いグリップは運動連鎖でつまずき、最後に大きなパワーが得られません。手首を使った「手首調子」のラケット操作になりやすく、なんとかうまく打っているという状態になります。

一方、薄いグリップで握ることに始まる正しい運動連鎖は、体の各部が順序よく動作していき、最後に大きなパワーが得られます。だからコンチネンタルグリップ（薄いグリップ）で握ることが基本です。これは絶対に外せないポイントです。

20年以上の指導経験ではっきり言えることは、正しいグリップで握らなければサービスは武器にできないということです。長年イースタングリップ（厚いグリップ）で握ってきたプレーヤーをコンチネンタルグリップへ矯正するには、相当な時間と労力がいります。厄介なのは、イースタングリップであっても、ある程度のサービスは打てるということで、

そのため、プレーヤーによっては、コンチネンタルグリップを強く拒み、代わりに別の方法でサービスを強化したこともありました。筋力をつけて、サービス術（戦術）を覚えてそれを補おうとしましたが、しかし結局は壁にぶつかりました。

それ以上の回転量が望めないグリップでは、極度のプレッシャーがかかったとき、体全体でボールを打つことができなくなります。そういうときほど手首で調節しようとする傾向があり、ボロが出てしまうのです。そして何より、自分より上のレベルのプレーヤーと対戦したとき、〝サービス術〟すなわち〝サービスの効果〟の限界を感じることになります。

セミウエスタングリップ　イースタングリップ　コンチネンタルグリップ

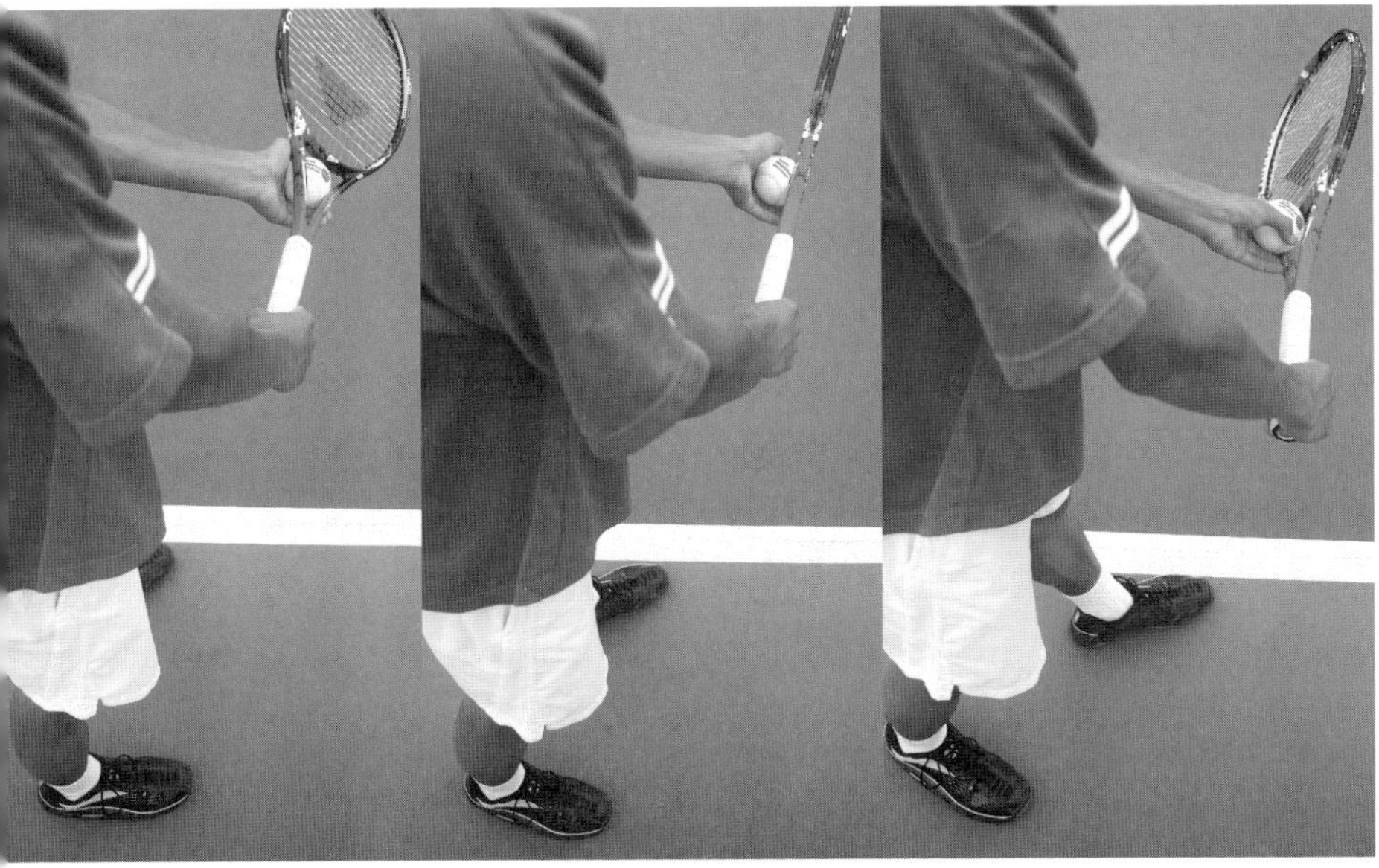

サービスが本当の武器でなければ、サービスキープができず、勝つ術がないことを知ることになるのです。

ダブルフォールトが多かったり、サービスキープ率が悪かったり、問題がはっきりしているプレーヤーの方がかえってサービス改良に取り組みやすいものです。なぜなら、自分を変えるしかよくなる方法がないとわかるからです。

テニスをやる以上、可能性へのチャレンジは続けましょう。自分で自分に限界を作らず、たとえ3か月かかろうと、1年、2年かかろうと、よりよいサービスを手に入れましょう。厚いグリップから薄いグリップへ握り変えると、おそらく新しいショットを打つような、経験したことのない「違和感」があるはずです。それを新鮮に感じて、そこに興味がもてたら、それはあなたが変わり始めた証拠になります。

コンチネンタルグリップのパワー曲線

ラケットに力が伝わるまでの上半身の動きを順番に見ていこう

5 ラケットが
ボールを打つ

パワーが強い

4 腕が回る(回外と回内)
(手首は自然に返る)

3 肘が出て
腕を伸ばし(伸展)
ながら…

3

薄いグリップ

5

4

2

1

肩が回る（外旋と内旋） 2

体が回る 1

イースタングリップのパワー曲線

ラケットに力が伝わるまでの上半身の動きを順番に見ていこう

パワーが弱い

5 ラケットがボールを打つ

4 ✕ 手首を使う

運動連鎖がうまくいけばこの時点で腕が回り、手首が自然に返るものだが、運動がつまずくとここで「手首調子」の調整を行ってしまう。いわゆる手打ちであり、結果としてパワーが得られない。スピンがかけられない。ダブルフォールトの原因になる。

2

2 ✕ “肩が回る(外旋と内旋)”が抜ける

「肩が回る」が抜けるプレーヤーが非常に多い。男性に比べて野球などの投球経験の少ない女性に多いことは確かだが、男性でも肩をうまく回せずに腕力で打っているケースが多い。グリップが厚いと体の向きが正面を向きやすく、それが障害になって使えないケースもあるが、グリップが薄くても肩を回せていないケースもまた多い。

厚いグリップ

5

3 4

肘が出て腕を伸ばしながら(伸展)、
腕が回らない(回外と回内) ✕ 3

体が回る 1

全員同時にスイング開始！グリップの違いによるスイングの違い

構え1

やや厚いグリップ（イースタン）

- スクエアスタンス。
- 手の位置が体に近い。
- ラケットヘッドは、打球方向を指す。
- ラケットフェースは、地面に垂直。

厚いグリップ（ウエスタン）

- オープンスタンス。
- 手の位置が体に近い。
- ラケットヘッドは、右方向を指す。
- ラケットフェースは、下を向く。

薄いグリップ(コンチネンタル)

- クローズドスタンス。
- 手の位置が体から離れる。
- ラケットヘッドは、手首を自然な状態にすると左方向を指す。
- ラケットフェースは、手首を自然な状態にすると上を向く。

構え2

やや厚いグリップ（イースタン）

・デュースサイドはスクエア、アドサイドはクローズドスタンス。
・両サイドで構えが違う。
・ラケットヘッドの向く方向が違う（基本的に打ちたい方向を指す）。

厚いグリップ（ウエスタン）

・両サイドともオープンスタンス。
・両サイドとも同じ構え。

薄いグリップ(コンチネンタル)

- 両サイドともクローズドスタンス。
- 常にアドサイドの構えがベース(デュースサイドも同じ)。

トスアップ&テークバック1

やや厚いグリップ（イースタン）

・打球方向に対して後ろにテークバックするため、体幹はあまりひねらず、ラケットは円運動で下から上に持ち上げるように引く。
・それにともない、トスアップは体側に沿う。

厚いグリップ（ウエスタン）

・打球方向に対して後ろにテークバックするため、体幹はほとんどひねらず、ラケットは縦方向に下から上に持ち上げるように引く。
・それにともない、トスアップは正面を向いた状態で真正面に上げる。
・ラケットを背中に担ぐ形となり手首が外側へ折れる。

薄いグリップ(コンチネンタル)

・体幹を横にひねり、両肩・両腕が同期する。ラケットは体(顔)の前を通過する。
・それにともない、トスアップは右斜め前〜横方向。
・手首は余計に動かさず、インパクトの手首の形を維持してテークバック。

テークバック2

やや厚いグリップ（イースタン）

・テークバックでラケットは耳の横。
・上半身と下半身に捻転差があまりなく、運動が止まらず続く。
・肘と手首の角度が窮屈。

厚いグリップ（ウエスタン）

・テークバックでラケットは背中に担ぐ。
・上半身と下半身に捻転差がほとんどなく、運動は止まらず続く。
・肘と手首の角度が窮屈に動く。特に手首が折れる。
・ラケットが耳に近い。

薄いグリップ(コンチネンタル)

- テークバックでラケットは顔の前。
- 上半身と下半身に捻転差が生じ、一瞬の静止がある。
- 肘と手首の角度が一定。
- ラケットが耳から離れる。
- ラケットは背中に担がない。

テークバック3

やや厚いグリップ
(イースタン)

・テークバックでラケットは耳の横、ないしは頭の後ろ(背中)に担ぐ。
・上半身と下半身に捻転差があまりなく、運動が止まらず続く。
・上下に円運動のスイングをするので肘が落ちやすい。

厚いグリップ
(ウエスタン)

・テークバックでラケットは背中に担ぐ。
・上半身と下半身に捻転差がほとんどなく、運動は止まらず続く。
・手首が折れる。

薄いグリップ(コンチネンタル)

・テークバックでラケットは顔の前。
・ラケットは背中に担がない。
・ラケットは耳から離れる。
・上半身と下半身に捻転差が生じ、一瞬の静止がある。
・体幹を横にひねるから肘が落ちない。
・肘は90度、手首は構えたときの角度で終始一定に保つ。

フォワードスイング1

やや厚いグリップ（イースタン）

・体が前に向き始め、それにともない左手を早く（速く）下ろす傾向がある。
・グリップが厚いほどラケットフェースは上を向く。
・グリップが厚いほど体は正面を向きやすい。
・手首が耳の近くを通過する。

厚いグリップ（ウエスタン）

・左手を下ろすのが早く、それにともない右肩が早く出てくる。
・グリップが厚いほどラケットフェースは上を向く。
・グリップが厚いほど体は正面を向く。

薄いグリップ(コンチネンタル)

- 下半身からのエネルギーが体幹に伝わるまで左手を静止。
- その後、左手を引いて体幹が回転して右肩が前に出てくる。ラケットは肘、腕に引っ張られるように遅れて出てくる。
- グリップが薄いほど体は横を向いたまま。

フォワードスイング2

やや厚いグリップ(イースタン)

・左手を下ろすのが早く、それにともない右手が早く出てくる(肩を回す動作が抜ける)。
・ラケットは腕に引っ張られ、ボールに対してラケット面(手のひら)から出てくる。
・グリップが厚いほど体は正面を向きやすい。
・動作方向と打球方向がほぼ同じ。

厚いグリップ(ウエスタン)

・左手を下ろすのが早く、それにともない右肩が早く出てくる(肩を回す動作が抜ける)。
・ラケットは手首に引っ張られ、ボールに対してラケット面(手のひら)から出てくる。
・グリップが厚いほど体は正面を向く。
・動作方向と打球方向が同じ。

薄いグリップ（コンチネンタル）

- テークバックからフォワードスイングへの＜切り返し＞のときは、左手（左肘）を引き、体幹が回転して右肩が前に出てくる。
- テークバックのときの手首の位置を変えずに、体幹のひねりを戻すとラケットが加速し、ラケットは肘、腕に引っ張られるように遅れて出てくる。
- ボールに対してラケットフレーム（小指）から出てくる。
- グリップが薄いほど体の向きは横向き。
- 動作方向と打球方向が違う。

（補足）このとき膝を曲げてエネルギーをタメ、ジャンプをしてエネルギーを爆発させる。

インパクト

やや厚いグリップ（イースタン）

・体はほぼ正面向きで、ボールの真後ろをとらえるので、ほとんど回転はかからない
・顔はやや前を向く。
・手首が伸展している。

厚いグリップ（ウエスタン）

・体は正面向きで、ボールの真後ろをとらえるので、回転はかからないか、ボールの下をなでるようにとらえるのでアンダースピンがかかる。
・顔はほとんど前を向く。
・手首が伸展している。

薄いグリップ(コンチネンタル)

・前腕が回転していく途中にインパクトがあるので、ナチュラルスピンがかかる。
・体は横向きのまま、ボールを右斜め上で斜めにとらえる。
・顔はインパクトを見続けている(横を向く)。
・手首は伸展がなく、自然である(自然な角度がある)。

フォロースルー1

やや厚いグリップ
（イースタン）

・肘の位置が低め。
・手首を余計に使っている（伸展）。
・動作方向と打球方向がほぼ同じなので、顔は打球方向（正面）を向く。

厚いグリップ
（ウエスタン）

・肘の位置が低い。
・手首を余計に使っている（伸展）。
・動作方向と打球方向がまったく同じなので、顔は打球方向（正面）を向く。

薄いグリップ（コンチネンタル）

- 肘の位置が高い。
- インパクトの手首をほとんど維持している（使っていない）。
- 顔は動作方向（右斜め上）を向いたまま。

（補足）一連の動作として見ると、上半身が回転しながら肩が回り（外旋と内旋）→肘が出て（腕を伸ばしながら）（伸展）→腕が回り（回外と回内）→手首が（自然に）返る。

フォロースルー2

やや厚いグリップ（イースタン）

・肘の位置が低め。
・手首を余計に使っている。
・動作方向と打球方向がほぼ同じなので、顔は打球方向（正面）を向く。

厚いグリップ（ウエスタン）

・肘の位置が低い。
・手首を余計に使っている。
・動作方向と打球方向がまったく同じなので、顔は打球方向（正面）を向く。
・体を回し続けている。

薄いグリップ(コンチネンタル)

・肘の位置が高い。
・インパクトの手首をほとんど維持している(使っていない)。
・顔は動作方向(右斜め上)をまだ向いたままま。
(補足)一連の動作として見ると、上半身が回転しながら肩が回り(外旋と内旋)→肘が出て(腕を伸ばしながら)(伸展)→腕が回り(回外と回内)→手首が(自然に)返る。

うちわを使った簡単グリップ&スイングチェック法

うちわをグリップに挟むと、自分の目でスイングの確認ができるのでとても便利。

うちわを使えば自分のスイングが見える

自分のサービススイングが正しいかどうか、簡単に診断する方法があります。うちわをグリップに挟み、スイングしてみましょう。コンチネンタルグリップで正しいサービススイングができるプレーヤーは、うちわがきれいに回転します。しかし、コンチネンタルグリップでも正しいスイングができていなかったり、厚いグリップだと、うちわが途中で体の一部にぶつかり、きれいに回転しません。このうちわを挟んだ練習は、スイングの診断をするだけでなく、できるようになるまで素振りすることで、効果の高い練習になります。

✕ うちわの面が見えない うちわが腕にぶつかる

厚いグリップでサービスを打っているプレーヤーは、切り返しのときにうちわの面を見ることができない。また、フォロースルーのときにうちわが腕にぶつかる。肩、腕の回転がうまく使えていない証拠であり、結果としてナチュラルスピンがかけられないスイングと言える。

テークバックは顔の前。この一連の動作（腕が回転して手首が返るまで）は、頭を動かさず、インパクトに顔を残すことがポイント。

うちわの面が見える

コンチネンタルグリップでなければこの素振りはうまくできません。正しいスイングができているプレーヤーは、〈切り返し〉のときにうちわの表面を見ることができ、フォロースルーのときもうちわが腕に当たらずに回転して、うちわの裏面が見えます。

〈切り返し〉のときにうちわの文字を横に読む。

手首の位置を変えずに〈切り返す〉

手首の位置を変えずに、体幹のひねりを戻して＜切り返す＞と、肩が回り（外旋と内旋）→肘が出て（腕を伸ばしながら）（伸展）→腕が回り（回外と回内）→手首が（自然に）返る。

うちわが腕にぶつからない

フォロースルーではうちわの文字を縦に読む。

頭は動かさずに、うちわの表面の文字を横に読む。

インパクトは右斜め上。

フォロースルーでうちわの裏面の文字を縦に読む。
帽子のツバがインパクト方向を向いたままになるのがポイント。

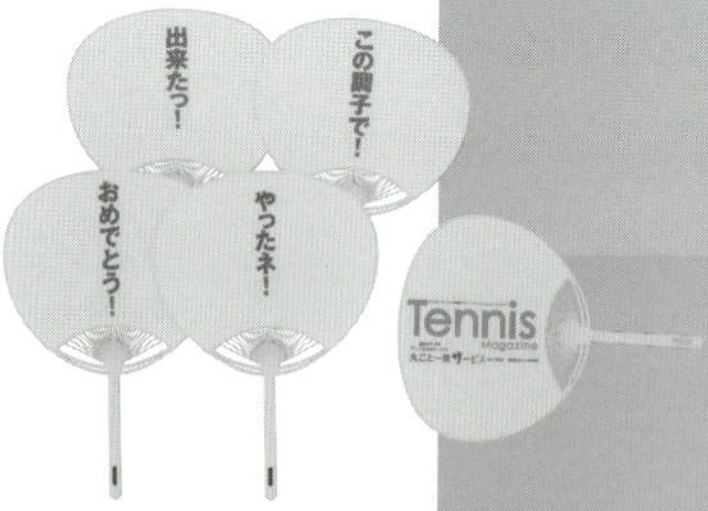

うちわの作り方

表面に横文字を、
裏面に縦文字を入れる。

PART 5

ラケットを置いて始めよう

体の使い方を覚える

正しい投球ができれば、正しいサービスがマスターできる

ボディワークを無視してラケットワークから始めると問題が起きる

それでは『ナチュラルスピンサービス』を身につけるためのレッスンを進めていきます。

ラケットを置いてください。そして正しい体の使い方から覚えていきます。サービスを打つための正しい運動ができていないのにラケットを持って、ラケットワークを覚えようとすると問題が起きます。指導者はこの点に注意しなければなりません。体を機能的に使うことを覚えていないプレーヤーにラケットを持たせ、狭いエリア（サービスエリア）を狙うことを要求したら、そのプレーヤーはおそらくエリア（サービスエリア）にボールを収めようと自分で工夫し始め、小手先でボールを調整してしまいます。これは「手首調子」のダメサービスのもとになってしまいます。

正しい運動から覚えるためにラケットは持たず、まずは、投球動作を覚えることから始めてください。「野球の投球」と「テニスのサービス」はほとんど同じです。ただし、違う点もあって、あとで詳しく解説しますが、

① 野球は素手だが、テニスはラケットを持つ
② 両者握り方が違う
③ 野球は正面を向いて前方へ投げるが、テニスは横を向いて上方へ打つ

といった3点が大きな違いです。

投球動作を通して正しい体の使い方を覚えると、あとでラケットを持っても決して小手先で打ったりしません。なぜなら、正しい運動がラケットを自然に動かしてくれるからです。体をしっかり使ったフォームなら何度でも繰り返すことができ、再現性の高いフォームになるでしょう。

投球練習の大切さとその効果の大きさを知った亜細亜大学の学生たちは、いつもラケットバッグにグローブと軟球を入れておくようになりました。キャッチボールをするためです。

6
7
8
9

14
15
16
17

22
23
24
25

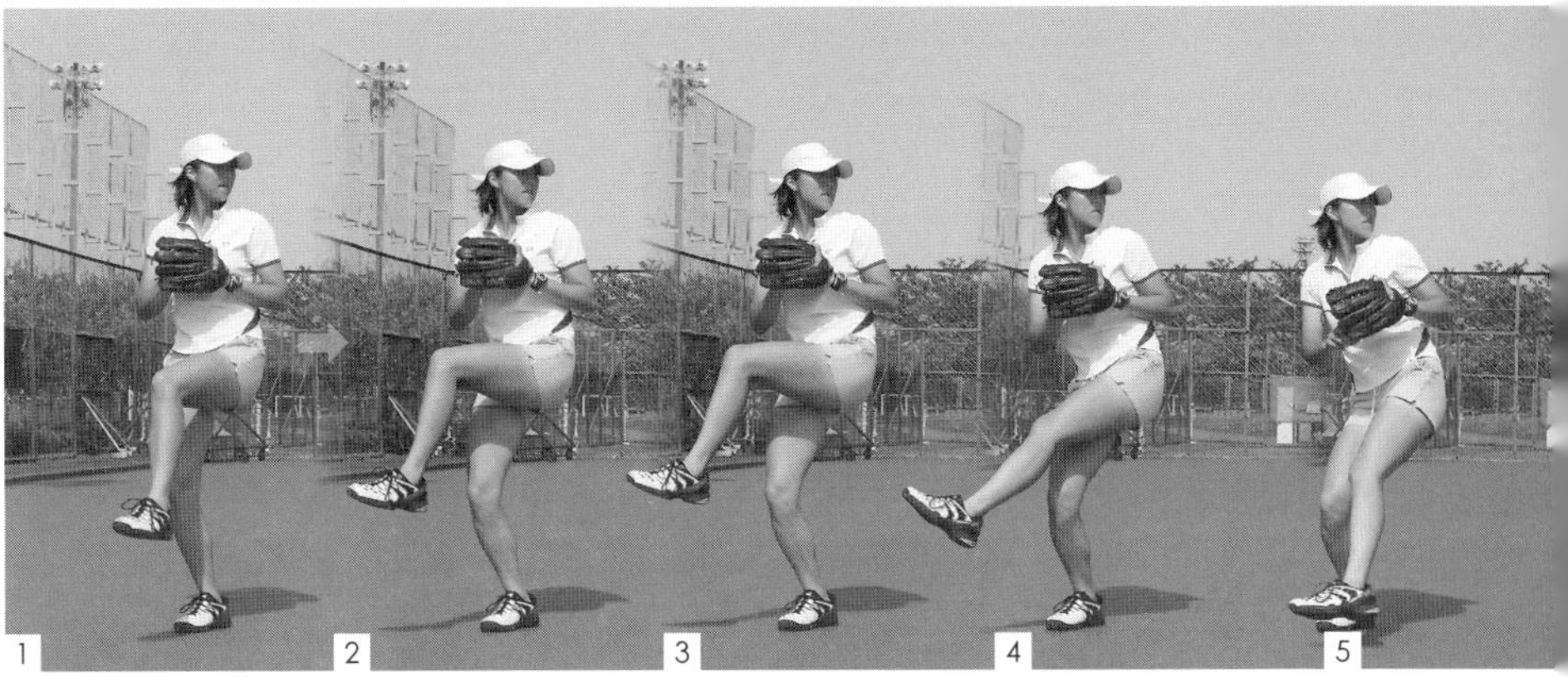
1
2
3
4
5

10
11
12
13

18
19
20
21

正しい投球ができれば、正しいサービスに転換できる

練習した投球動作を上方へ向かって行う

「テニスのサービス」は「野球の投球」とほぼ同じと言いました。そこで投球練習を行ったあとで、ラケットを持ち、サービスを打つときに気をつけなければならないことをご紹介します。次の3点です。

① 野球のボールはテニスで言うウエスタングリップで握るが、サービスはコンチネンタルグリップで握る（基本的に握り方、グリップが違う）

② 野球は正面を向いて前方へ投げる動作を行うのに対して、テニ

スは横を向いて上方へ打つ動作を行う

③ 野球は動作方向と打球（投球）方向が同じだが、テニスは動作方向と打球方向が違う

これらに気をつけなければなりません。

これから投球練習を行っていきますが、最後にラケットを持ってサービスを打つときは、正面を向いて前方へ投げるイメージでサービスを打たないことです。正しいグリップ（コンチネンタルグリップ）でまず握り、横を向いて上方へ動作することを忘れないようにしてください。

サービスの運動連鎖 重要な上半身の動きを見ていこう

1 体が回る

2 肩が回る（外旋と内旋）

サービスにおいてもっとも見落とされがちな動きが「肩の動き」です。男性に比べて野球などの投球経験が少ない女性に欠けている運動であることは確かですが、男性でも肩を回さずに腕力でごまかしているプレーヤーも少なくありません。そういうプレーヤーほど肩が回っていないことに気づいていないものです。

3 腕が回る（回外と回内）

1

2

3

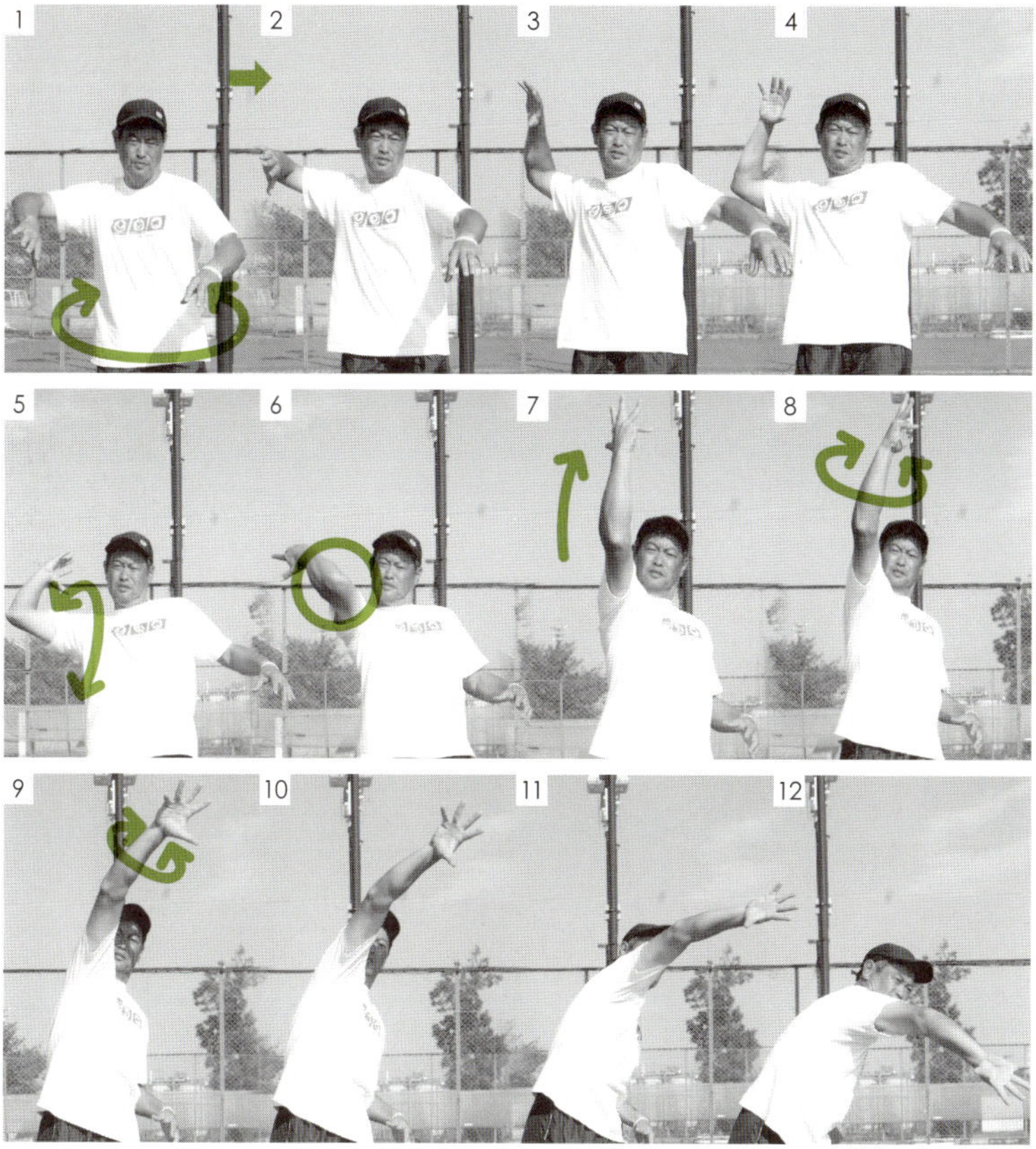

4 体が回りながら、肩が回りながら、肘が出て、腕が伸びる（腕を伸ばしながら）（伸展）

5 腕が回り、手首が自然に返る

正しい運動をしていれば、手首は自然に返ります。ところがここで手首を使うプレーヤーの場合、「手首調子」の手打ちをしてしまい、正しいスピンをかけることができなくなってしまいます。

6 ラケットがボールを打つ

1〜5まで順序よく動くと大きなエネルギーがラケットへ、そしてボールへ伝わります。これらを運動連鎖と言います。このように、最初に正しい動きを覚えて、その後、ラケットを持つときに正しいグリップ（コンチネンタルグリップ）で握ることを忘れなければ、ボールには正しく、大きな力が伝わるのです。

上半身を鍛えてから下半身を加える正しい運動を覚えよう

Step 1

ゼロからレッスン開始 下半身を固定する

下半身が自由に動くと、上半身の動きをじゃましてしまいます。そこで下半身の自由を奪い、練習をスタートさせましょう。

まず、写真のモデルのボールの握り方と姿勢をよく見てください。ボールは親指、人差し指、中指でつまむ感じで握ります。これがサービスのグリップであり、テークバックであり、共通姿勢です。手は顔の前で下向きに、肘を肩と同じ高さに維持して90度の角度に保ちます。これを覚えておいてレッスン開始です！

ロケットフットボール

ミニフットボール

ボールは親指、人差し指、中指の3本で軽く握る。

Step 2
コンチネンタルグリップで握る

ボール（すなわちグリップ）を握るときに注意したいことは、コンチネンタルグリップで握るということです。写真はすべてコンチネンタルグリップで、間違ってもイースタングリップなどの厚いグリップで握らないでください。

ミニフットボールやロケットフットボールのような楕円ボールは、親指、人差し指、中指でつまむように握らないとうまく飛ばせないため、自然にコンチネンタルグリップで握ることができます。一方、テニスや野球のボールのように真ん丸のボールは、わしづかみしやすく厚いグリップになりやすいので、これから行う練習の中でも、親指、人差し指、中指でつまむように握ることを忘れないでください。

ボウリングのプロテクター

手首は使わない

正しいサービス動作では手首は使わない（自然に返る）が、どうしても使ってしまうというプレーヤーや手首が折れてしまうというプレーヤーは、写真のようなボウリングのプロテクターやゴルフのリスト固定バンドなどを手首にはめて、手首が使えない状態をつくって練習してみよう。手首は使わなくてもボールは投げられる、ボールは手首で投げるものではないということがわかる。

Step 3
肩を回しながら腕を回す

それでは基本の投球動作を覚えていきましょう。両肩を水平に保ち、肘の角度は90度です。ボールは親指、人差し指、中指の3本で軽く握り、手の平を内側に向けます。そして腕の回外と回内（外側から内側へ回す）によってボールを投げます。

手首はいっさい使わない。

Step 4
チェックする

Step3の内容をパートナーと行いましょう。パートナーに向かってボールを投げてキャッチボール。お互いにこの運動を練習して、正しくできているかどうか確認し合います。2人1組の練習はお互いが「鏡」であり、修正し合うことができます。

Step
5
予備動作を入れる

運動には必ず予備動作があり、予備動作があって主要動作があります。

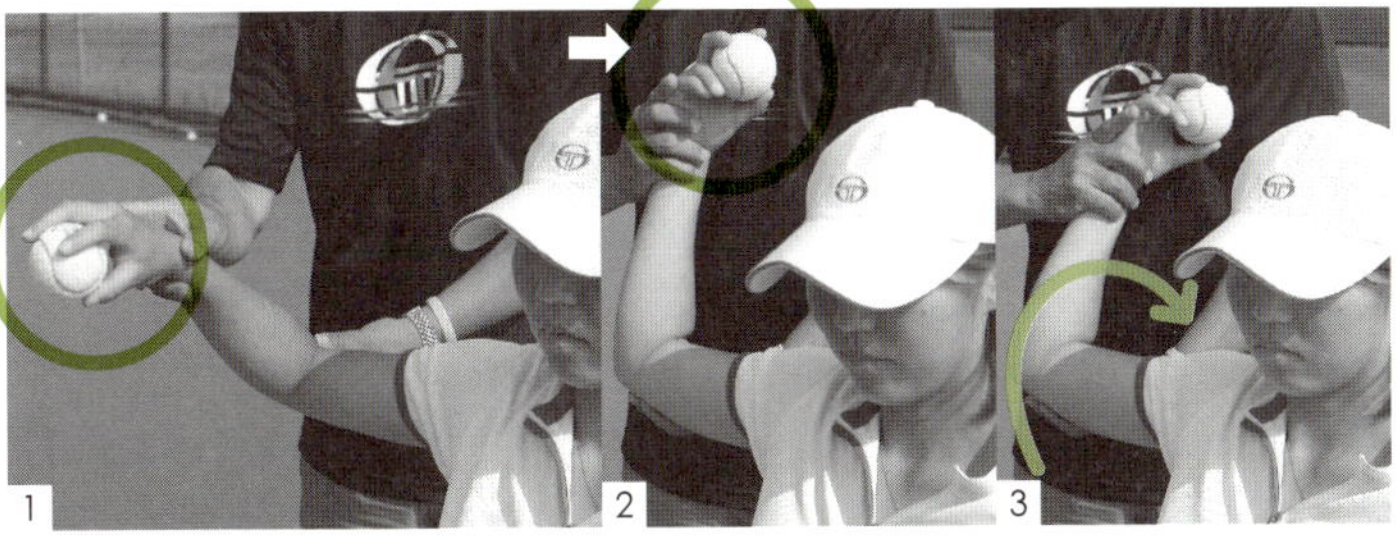

Step3の肩を回す運動の際も、実際には写真のような予備動作[1]-[3]が入ります（手の平は下向きで、肘の角度は90度。これがのちのテークバックだが、ここから肩を外旋する）。

Step
6
体を回す（ひねって戻す）

体軸を中心に体をひねって、戻しながらStep3の動作を行います。

Step
7
チェックする

Step6の内容をパートナーと行います。パートナーに向かってボールを投げてキャッチボール。お互いにこの運動を練習して、正しくできているかどうか確認しましょう。

Step 8

立って、体を回しながらボールを投げる

慣れてきたら膝を使ってみる

今度は立って、ベンチに座っていたのと同じで正面を向いて下半身を固定します。そしてStep6と同じ動作を行います。体軸を中心に体をひねって、戻します。体が回り、肩が回り、肘が出て、腕を伸ばしながら腕が回ると、ボールを投げられます。手首は自然に返るので、自ら手首を使う必要はありません。

Step 9

体を横向きにしてボールを投げる

いよいよサービスモーションに近づけて、体を横向きにしてボールを投げます。そしてStep8と同じ動作を行います。

Step 10

パートナーが横からボールを投げ入れ、キャッチしたらすぐに投げる

Step9の体勢で、今度はパートナーに横に立ってもらい、ボールを胸辺りに投げ入れてもらいます。これをキャッチしてすぐに投げる動作に入ると、体軸を中心に、体をひねって戻す回転運動が練習できます。

この練習は、横から投げ入れられたボールをキャッチしてすぐに投げるということから、肘が下がりませんん。肘が下がる時間的猶予を与えていないとも言えます。体のひねりがないと運動の予備動作で肘を下げてしまいます。肘を下げるとせっかくの運動連鎖が止まってしまうので、この練習はそれをさせない非常に有効な練習です。

Step 11

パートナーがボールを転がし、拾い上げてすぐに投げる

Step10と同じ効果が期待できる練習です。今度はパートナーにボールを低く転がしてもらいます。これを拾い上げてすぐに投げると、体軸を中心とした、体をひねって戻す回転運動の練習ができます。

写真は、よりサービス動作に近づけようと、パートナーが右斜め前に立っています。プレーヤーはベースライン付近に立ちます。そして転がったボールを、パートナーに対してスクエアスタンスで、半身になって拾い上げ、すぐに右斜め前のパートナーに投げ返します。地面でボールを拾ってから投げようとすると、腕を引き上げる動作になるので肘が上がります。体をひねって戻すということが体感しやすく、また、肘が下がるという問題を抱えたプレーヤーにはおすすめの練習です。

パートナーに右斜め前に立ってもらい、
ボールを拾い上げてすぐに投げる

さらにサービス動作に近づけるなら右斜め上に投げる

4　3　2　1

（注：審判台の上に立つのは非常に危険なので真似しないでください）

5　6　7　8

Step 12
コンチネンタルグリップでラケットを短く持つ

次のステップに入ります。ラケットを短く持って、これまでやってきた上半身の動きを行っていきましょう。最初はゆっくりと確認しながら素振りすることです。テークバックのときに体を横にひねると、ラケットは体の前を通って顔の前まで引き上げられ、肘の角度は90度、手首の角度は135度くらいになります。

この練習で特に外せないポイントがコンチネンタルグリップです。これまでボールを握ってきた親指、人差し指、中指の3本指を中心に、指を長く伸ばしてラケットを薄く握りましょう。このように握ると、手首に自然な角度ができ、この角度を保ってスイングできることが目標です。

また、体を横にひねると、手首の角度は保たれ、ラケットの重心が手首寄りにあることがわかるはずです。

ボールにエネルギーを伝えるまでこの重心は手首寄りのままです。

○ 体を横にひねることから始まり大きなエネルギーをつくる

体を横にひねると手首の角度は保たれ、ラケットの重心は手首寄りとなる。ボールにエネルギーを伝えるまで、この重心は手首寄りのまま、手首はほとんど使わない。

× 厚いグリップで握ると手首を使った打ち方になる

体が正面向きになり、手首を余計に使った「手首調子」のサービスになる。

Step 13

鏡のフレームを目安に、体の水平・垂直をチェックする

基本的に体は地面と水平に回転するものです。サービスももちろん体軸を中心に水平に回転する運動ですが、実際にはスピンを必要とするので体を傾けて打球します（写真）。それができているかどうかを鏡とフレームを使ってチェックします。鏡は常に水平であり、歪みませんし、縦横のフレームは水平・垂直を確かめる目安になります。

ポイントは、顔は右斜め上を向いて動かさずに、しかし鏡に少し視線をやりながら素振りをすることです。そうすると顔や頭が左右に振れたり、傾いたり、余計な動きをしないので、体の軸をまっすぐに保つことができ、体を回す基本運動が練習できます。特に、肩のラインが曲がっていないかどうかをチェックします。

鏡を使用

基本的に体は地面と水平。ただし、サービスの場合、スピンを必要とするため体を傾けて打球する。

Step 14

コンチネンタルグリップでラケットを長く持つ

横（もしくは左右）にひねるので肘が上がる
上半身と下半身に捻転差が生まれる
スイングシルエットが小さい

ラケットを短く持ったあとは、そのままグリップを下へ下ろして長く持ちましょう。そして短く持ったときと同じ動作を行います。サービススイングは体を横にひねる＝体幹を回すことに始まり、ここからサービスリズムができます。スイングは体で始めるものであり、ラケットで始めるものではありません。

このとき体を横にひねると同時に両肩・両腕を同期させると、トスアップは右斜め前〜横方向になります。

上下(もしくは前後)に
運動するので肘が下がる
上半身と下半身に
捻転差がない
スイング
シルエットが
大きい

△ 体をひねらない円運動(バンザイ型)のテークバック

体をひねらないテークバックは、ラケットの重心がラケットヘッドにあるため動作が続き、腕がたたまれ、肘が下がるのが特徴。運動が止まらないのでエネルギーは使いっぱなしとなる。

野球は動作方向が「前」サービスは動作方向が「右斜め上」

CHECK

野球とサービスの運動は同じ ただし、動作方向が違う

下半身を固定した投球練習から、ラケットを短く持った練習、そしてラケットを長く持った練習と進んできました。ここでもう一度、投球動作からサービス動作へステップアップするときのポイントをおさらいしておきます。

基本動作は1〈体が回る〉→2〈肩が回る〉→3〈腕が回る〉、この3つの運動で、これらが正しくできると、あとの運動はオートマティック

ボールを前方向へ投げる。

ボールを右斜め上方向に投げる。

に続きます。
1〈体が回り〉→2〈肩が回り（外旋と内旋）〉→3〈肘が出て（腕を伸ばしながら）（伸展）〉→4〈腕が回り（回外と回内）〉→5〈手首が自然に返る〉のです。運動の始まりから、どれかひとつでも抜かすと、4〈腕〉や5〈手首〉を気にすることになり、これがダブルフォールトの原因になります。目指すはオートマティックな体の動き（正しい運動連鎖）です。

さて、投球動作をサービス動作へステップアップさせるときに忘れてはならない大事なポイントを覚えていますか？　投球動作は正面を向いて前方へ行いますが、これをサービス動作に置き換えるときは、横を向いて右斜め上方へ向かって行うことです。連続写真上の野球の投球フォームは、連続写真下のサービスフォームへと動作方向を変えることがとても大切です。

これが野球の投球フォーム

これがテニスのサービスフォーム

野球のようにレシーバーに向いて打つと体が「前」を向いてしまう

CHECK

野球の動作方向にテニスをはめると体が正面向きになり回転がかからない

投球動作をテニスに置き換えるときに、もっとも犯しやすい間違いは動作方向にあります。野球は「前」にいるキャッチャー目掛けてボールを投げるので、体は正面向きになりますが、これをそのままテニスに取り入れて、「前」にいるレシーバー目掛けてボールを打つと、体は正面向きになり、ラケット面がボールの真後ろをとらえることになります。つまり、回転がかからない、厚い当たりのサービス動作になってしまいます。152ページに注意点があります。

これは野球の動作方向

投球動作は相手のいる方向に向かって行うもの。だから体は正面を向く。

SERGIO TACCHINI
SERGIO TACCHINI
SERGIO TACCHINI

サービスは動作方向が「右斜め上」審判台方向を向いてボールを打つとサービスになる！

CHECK

サービスの動作方向に投球をはめると体が横向きになり回転がかかる

サービスの動作方向は右斜め上です。コンチネンタルグリップで握ったサービスは、この方向に動作しなければ、ボールに正しく力を伝えることができません。

右斜め上方向を向いてサービスを打つので、体は横向きになります。フォワードスイング、インパクト、フォロースルーもすべて右斜め上を向いたまま動作します。

ところが、途中で顔を前に向けてしまうと、運動連鎖の途中でつまずくことになり、力の伝達がうまくいきません。最後に手首で調節する「手首調子」のサービスは、これが原因であることが多いと言えます。

これがサービスの動作方向

本来は相手のいる正面に向かって行う投球動作を、審判台方向（右斜め上）に向かって行うのがサービス動作。だから体は右斜め上を向く（レシーバーから見れば横向きとなる）。

上

コンチネンタルグリップで「前」を向いて打つとボールが左下に擦れて飛んでしまう!

CHECK

正しいグリップで握っても動作方向の間違いから元のグリップに戻ってしまうことも

コンチネンタルグリップで握ったのに、「前」を向いて（体を正面に向けて）打つと、運動連鎖がうまくいかなくなり、ボールに正しく力を伝えることができません。コンチネンタルグリップで前を向くと、左下にボールが擦れて飛んでしまいます（1）。動作方向（体の向き）の間違いに気づかずに、これを続けていると、当たりが不快なため、コンチネンタルグリップをあきらめて、イースタングリップに戻してしまうプレーヤーがたくさんいます（2）。

イースタングリップは体を前に向けて、ボールの真後ろをとらえるサービスなので、動作方向と打球方向が一致します。しかし、このサービスは回転がかかりません。

コンチネンタルグリップのサービスが「打ちにくい」とあきらめる前に、動作方向をチェックしてみましょう。体を横向きにして右斜め上方向にスイングです（写真◯）。

コンチネンタルグリップのサービスは動作方向は「右斜め上」打球方向は「左斜め下」が正しい

右斜め上を向いたまま、腕を回すその途中にインパクトがある。動作方向は右斜め上で、打球方向は左斜め下へ、このときボールにはナチュラルスピンがかかり、放物線を描いて飛んでいく。

2

1

せっかく
コンチネンタルグリップで
握っても
「前」を向くと
ボールが擦れて
左下に飛んでしまう

**サービストラブルは
ここから
始まることが多い！**

グリップの違和感を嫌がり
コンチネンタルグリップを
あきらめて
イースタングリップに戻してしまう

動作は右斜め上へ。
打球は左斜め下へ、放物線を描いて飛んでいく。

下半身から上半身への連動と〈切り返し〉動作を覚える

CHECK

〈切り返し〉を覚える

いよいよ全身運動へ移っていきます。上半身と下半身に捻転差が生じているとき、足元=膝は90度くらいに曲がっているのが理想です。地面を踏みつけたことで生まれる大きなエネルギーを使うには、動作を下半身主導から上半身主導に切り替える運動連鎖も必要です。これをメディシンボールを使って覚えます。

写真では5kgのメディシンボールを使って、サービススイングを行っています。一般プレーヤーのみなさんには重すぎるのでバスケットボールくらいから始めましょう。ある程度、重さがあるボールを両手で持ってサービススイングを行うと、「体幹を回してスイングする」ことと、「テークバックからフォワードスイングへの〈切り返し〉動作」、そして「下半身から上半身への運動連鎖」の連携が理解しやすくなります。

この練習は下半身の使い方を覚えるための練習でもあるし、全身運動の強化トレーニングにもなるし、正しく運動しないと、ボールの重さを強く感じるため、間違いに気づくこともできます。

肘が一定の高さを保ち、〈切り返し〉のときに出てくる

大きな部位＝体幹を使うメリット

大きな部位を使って打つサービスを身につけておくと、プレッシャーがかかっても体を動かす中でそれらを払いのけることができる。

上下運動は、反動で肘が落ちて＜切り返し＞が手主導となる

小さな部位しか使わないデメリット

手でボールを動かすなど、小さな部位を使って打つサービスを身につけてしまうと、プレッシャーがかかったときにチョークしやすく、もろにプレーに影響が出てしまう。

体を横へひねって始めるサービススイング

□1ボールの重みを感じながら…□2□3体幹を回してひねる。ボール（ラケット）は体（顔）の前を通る。□4上半身を動かしてきたエネルギーをいったんゼロにするイメージで静止。□5このとき膝を曲げ、下半身から生まれる大きなエネルギーを使うために、下半身主導から上半身主導へ切り替える。□6ボール位置は変えずに、肘の高さを保ったまま、肩を回す（外旋と内旋）。□7すると、肘が出てくる。□8肘が出て、このあとラケットを持っていれば、腕を伸ばしながら腕が回り（回外と回内）、インパクト（このあと上方へ動作していくことが非常に大切）。

円運動のサービススイング

□1ボールの重みを感じながら…□2手でリズムをとってスイングし始める。□3ボールを上下に動かす。□4円運動スイングは止まらない。□5ボール（肘）を高く上げる。□6□7高く上げた分、反動で肘が下がる（ボールの位置が下がる）。□8すると、ボールを上下させて切り返すため、手主導となり、下半身のパワーが上半身に伝わらず、上にスイングするのに相当な腕力が必要になる。それで手打ちとなる。

インパクトでは顔を残して空中で地球儀を回す

CHECK
体と地球儀はともに水平 体が傾いた分 地球儀も傾く

動作も終盤、そこで、ボールを打つ際に外せないポイントを解説しましょう。

横を向いてボールを打つということをイメージしやすい練習が、実際に空中で地球儀に手を当てて回す練習です。この動きこそ、まさしくナチュラルスピンサービスの動きになります。

左手で地球儀を持ち、右斜め前～横方向にトスアップのつもりで持ち上げます。体と地球儀は、常に同じように水平でなければならず、右斜め上方向にボディを傾けたら、その分、地球儀も傾きます。

腕を回し続けると、地球儀が回り、手首は自然な形で返る。

地球儀がもしもボールだったら、打球はやや上方に膨らんで放物線を描いて下方へ飛ぶ。

4 5 6

そして、地球儀に向かって、肘から（腕を伸ばしながら）（伸展）↓腕を回して（回外と回内）↓手首を返します。腕を回し続けると手首は自然に返るので、余計に動かさないことです。地球儀（ボール）が回ったら、それはナチュラルスピンがかかったことを意味します。

フラット（回転のかかっていない）サービスは前を向いてボールの真後ろをとらえる

地球儀を前向きに見て、真後ろに手を当てると、地球儀は回せない。つまりスピンがかからない。

体は横向きのまま、右斜め上方向にスイング。

肘が出て、腕が伸びて、腕が回る途中にインパクト。地球儀に斜めに手を当てる。

ナチュラルスピンサービスは横向きで、右斜め上に向かってボールをとらえる

腕が回る途中にインパクトがある。地球儀に対して斜めに手を当て、腕を回し続けると地球儀が回る。つまりスピンがかかる。動作している間、地球儀から顔を離さないことがポイント。

実際に、ビーチボール地球儀を打てば『ナチュラルスピン』が目で確認できる

CHECK 1

腕が回らないとボールにフラットに当たりスピンがかからない

腕が回らないと上から下へのスイングになり、ボールの下部分をなめるように打つことからホップします。ビーチボールがほとんど回っておらず、つまり回転していないことがわかります。

CHECK 2

腕が回るとボールに斜めに当たり回し続けてスピンがかかる

腕が回転する途中にインパクトがあります。インパクト後も腕は回転し続けて、ボールにナチュラルスピンがかかります。ボールが回りながら、放物線を描いて飛んでいくのがわかります。

CHECK 3

ボールへのラケット面の当て方を変えて複数の球種をつくり出す

基本的に打法はひとつです。ただし、わずかに体の傾斜を変えるだけで、ボールへのラケット面の当て方が変わり、球種をつくり出せます。関連記事が12－13ページにあり。

5

6 7 8 9

腕が回らないとボールにフラットに当たりスピンがかからない

スライス系

フラット系

スピン系

腕が回る途中でボールに斜めに当たり、回し続けてナチュラルスピンがかかる

フラットサービスとナチュラルスピンサービスのサービス軌道の違い

CHECK

放物線を描き、ネットの上を安全にかつ攻撃的に打てるのがナチュラルスピンサービス

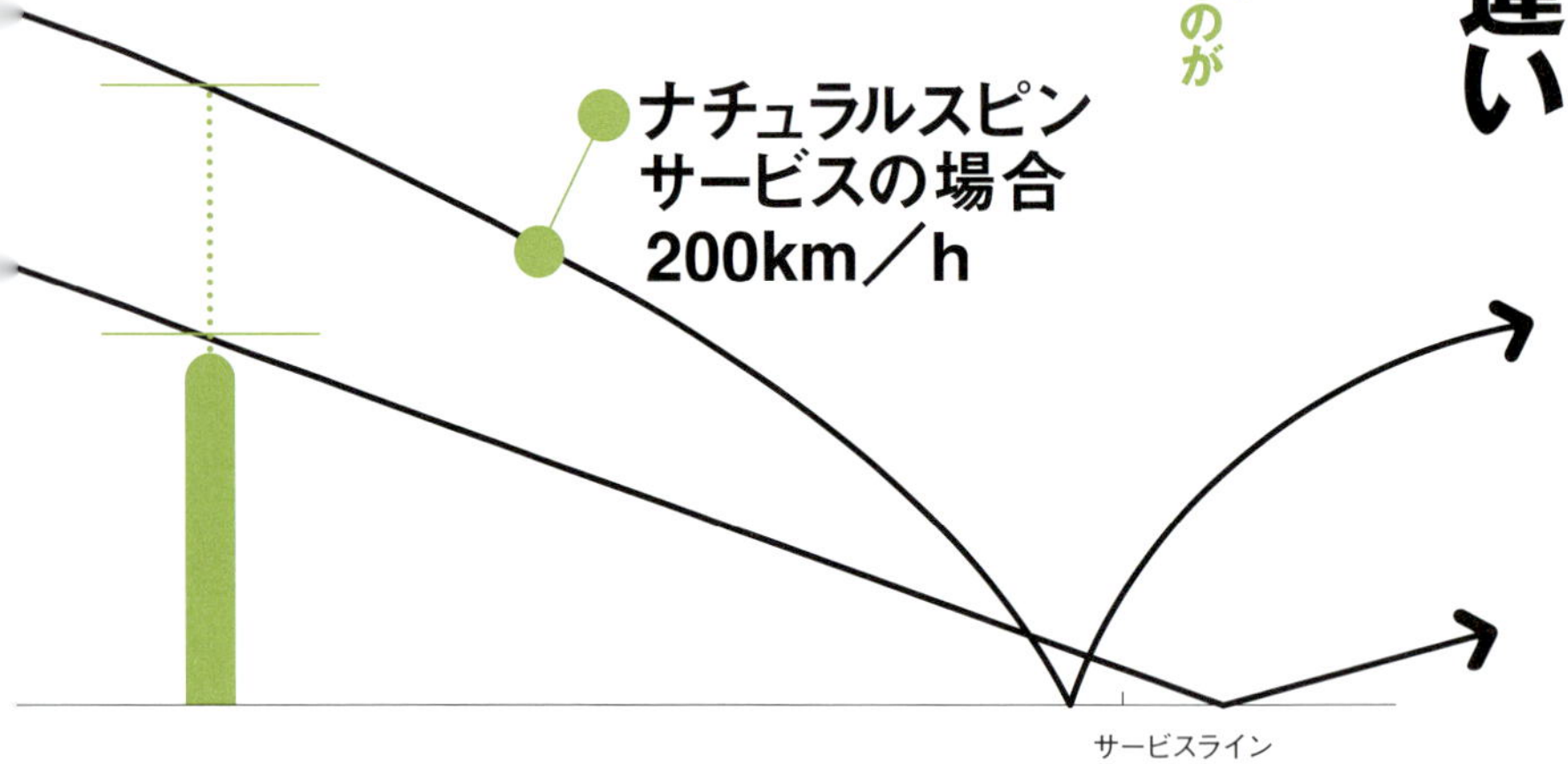

例えば、仮に時速200㎞のサービスを想定しましょう。ボールの真後ろをとらえる、回転のかかっていない今までのフラットサービスの場合、(基本的にナチュラルスピンサービスとは打法が違うため)時速200㎞のサービスを打つにはネットの上、ギリギリを通さなければ、まずサービスエリアには入りません。そのため安全性に欠け、確率が低いサービスです。

しかし、ナチュラルスピンサービスの場合には、回転量をコントロールできる打法のため、回転量を少なくして速度を上げることもでき(もちろん、回転量を多くして速度を下げることもできる)、つまり時速200㎞のサービスを打つことがで

サービス軌道のイメージ
仮に時速200kmのサービスを想定する。

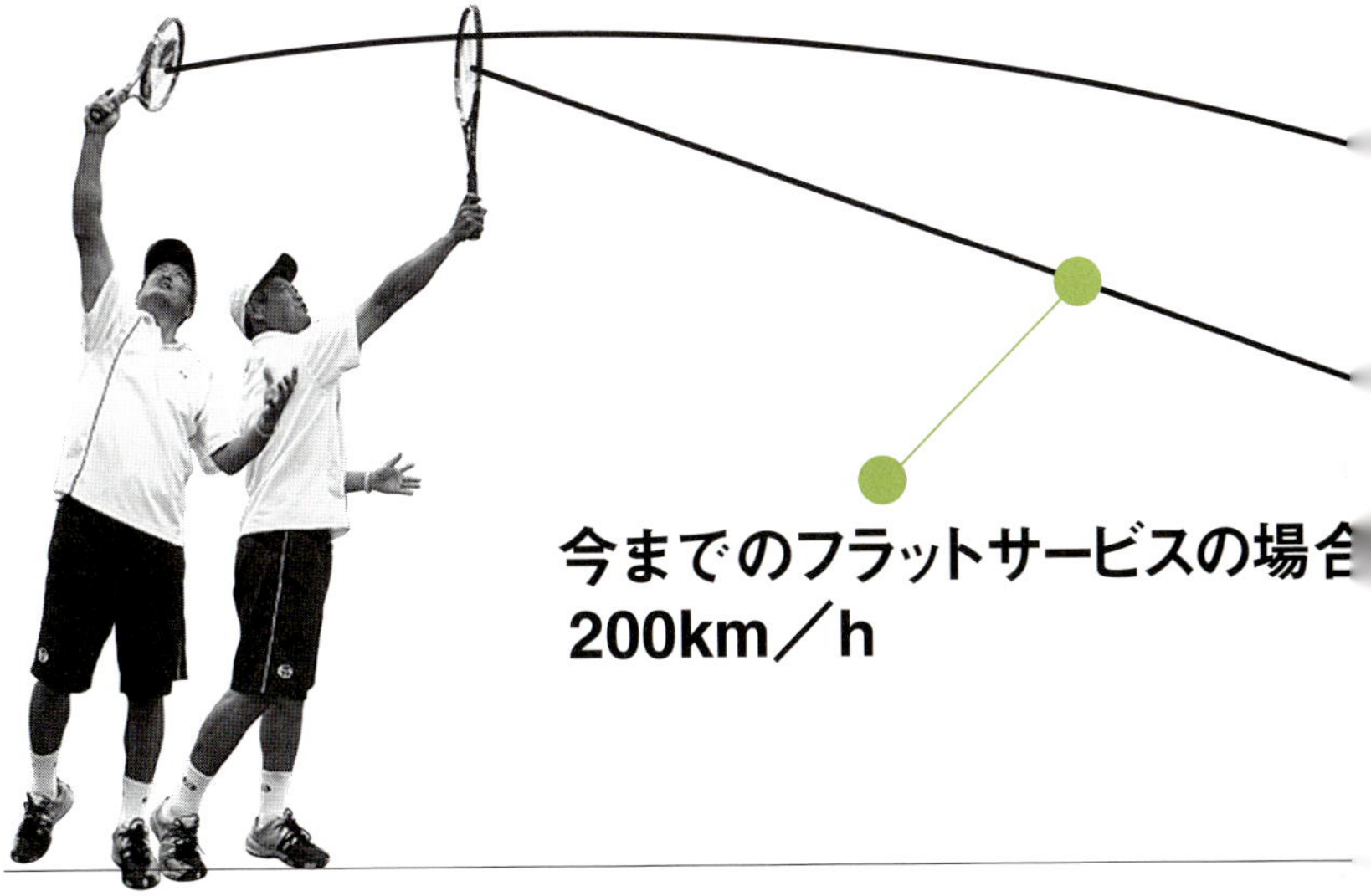

きます。しかも、スピンがかかっているので、ボール軌道は放物線を描いて、ネットの高いところを通せるから安全で、確率も高いサービスです。

従来のスピンサービスのイメージは、フラットサービスなどと比較して速度が遅いイメージだったと思いますが、現在のサービスの基本形として考えるナチュラルスピンサービスは、速度も回転もコントロールできます。つまり、攻撃的に打てるサービスなのです。

右斜め上方向にフォロースルー肘の位置は高くなる

CHECK

フォロースルーは体を回した結果

右斜め上でボールをとらえたら、頭を動かさずに腕を回し続け、サービス動作をやりきります。

フォロースルーは体を回すことで起きる結果（肘が出て↓腕を伸ばしながら腕が回り↓手首が返るという動作の結果）です。ですから、フォロースルーは動作方向の右斜め上で、肘が高い状態で終わります。そして、伸びた体が元に戻る際（ジャンプした体が着地する際）、ラケットが下に落ちてきます。

手首は自然に返る。

伸びた体が元の状態に戻るときラケットが下に落ちる。

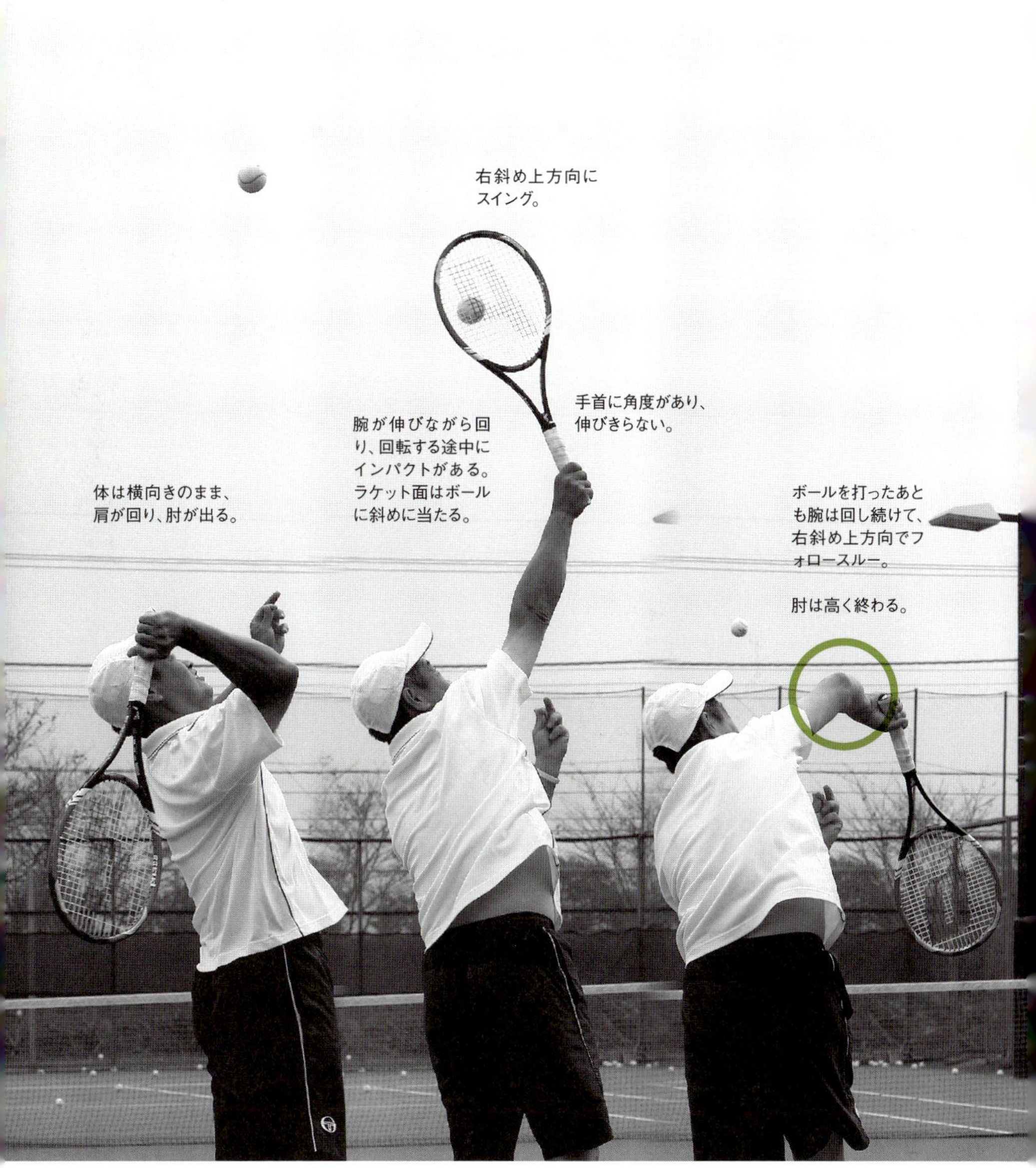
右斜め上方向に
スイング。
手首に角度があり、
伸びきらない。
腕が伸びながら回
り、回転する途中に
インパクトがある。
ラケット面はボール
に斜めに当たる。
体は横向きのまま、
肩が回り、肘が出る。
ボールを打ったあと
も腕は回し続けて、
右斜め上方向でフ
ォロースルー。
肘は高く終わる。

やればこんなに変わる！

サービス改造Before&After

PART 5 体の使い方を覚える

原由紀代さんの場合

トスを上げたあと左手がすぐに下りていた。
ラケットが耳に近かった。
手首で調節してボールに当てていたため、インパクトがずれやすかった。
ボールをなでていた。
ダブルフォールトが非常に多かった。
6 7
8
9
10

ラケットが耳から離れた。
スイングが加速できるようになった。
手首を使わずに、ボールがつかめるようになった。
ダブルフォールトをしなくなった。
5 6
7
8

サービス改造裏話Q&A

Q サービスを変えようと決心したきっかけは何ですか？

A 「変えろ」と堀内監督に言われて（笑）。というより、ダブルフォールトが本当に多くて、変えざるを得ない状況だったんです。ひどいときは1ゲームに3回もやってしまって0－40にしたこともあります。だからイチから始めました。投球練習から。まずはやってみようと思って。やらなきゃ変われないと思ったので。

Q ダブルフォールトの理由は何だと思いますか？

A グリップが厚いことだと思います。今はそれがわかるんですけど…。

Q 決定的に変わったと思うことは

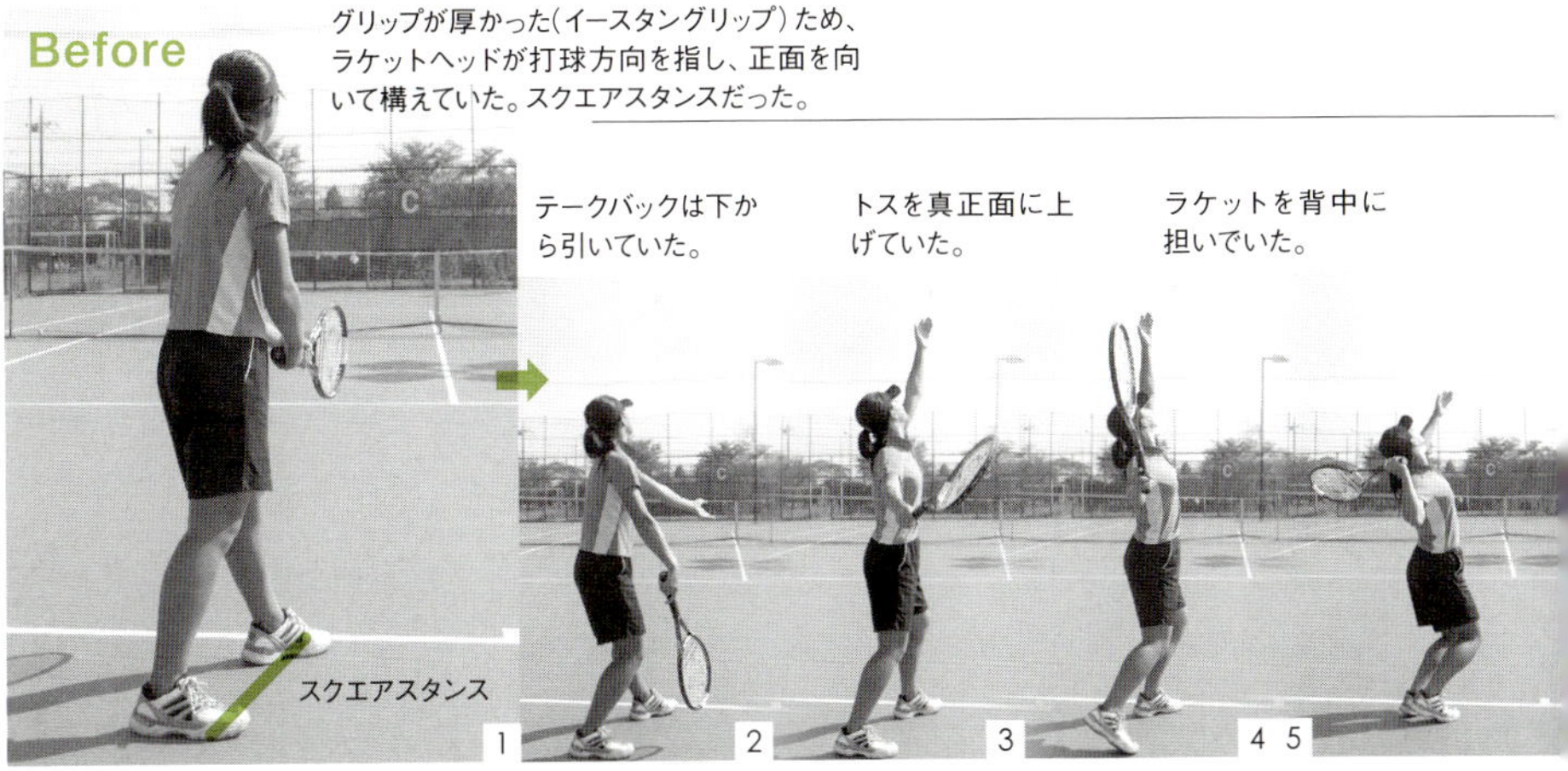
Before
グリップが厚かった（イースタングリップ）ため、ラケットヘッドが打球方向を指し、正面を向いて構えていた。スクエアスタンスだった。
テークバックは下から引いていた。
トスを真正面に上げていた。
ラケットを背中に担いでいた。
スクエアスタンス
1
2
3
4
5

投球フォームを覚えたら、こんなにサービスフォームが変わった！

グリップを薄くしたら（コンチネンタルグリップ）、ラケットヘッドが左方向を指し、横を向いて構えるようになった。クローズドスタンスになった。
After
クローズド
スタンス
テークバックは体をひねりながら、両肩・両腕が同期するようになった。
トスを右斜め前〜横に上げるようになった。
ラケットを背中に担がなくなった。
1
2
3
4

何ですか？

A グリップが薄くなったことです。そうしたら構えが変わって横向きになりました。グリップが厚い頃は正面を向いていて、ボールを打つときはなでるように手首で調節して打っていたんですが、薄くしてからはラケットが下から上に出て、ボールがつかめる（スピンがかかる）ようになりました。それで確率がよくなりました。

Q 今はどんな練習をしていますか？

A 必ず投球練習をしています。あとはバックサイドからサービスを打つようにしています。スピンサービスを練習するのに一番適したポジションだからです。そこで正しいフォームを身につけて、あとはボールに与える回転、深さ、角度を変えることで、いろいろなサービスを打ち分けることを目指しています。

道具を使うスポーツ（テニス）と使わないスポーツ（野球）の取り組み方の違い

「体を機能させないと、いいエネルギーがラケットに伝わらない」

――野球からテニスが学ぶことは多いというお話がありました。そもそも野球選手、特にピッチャーは体の使い方が非常にていねいでこだわりもあり、そこがテニスのサーバーと大きく違うように感じられます。

堀内　まさしくそうで、道具を使うスポーツと使わないスポーツの差があります。道具を使うスポーツは道具（またはラケットワーク）にこだわる傾向があり、道具を使わないスポーツは自分の体が道具ですから、当然のように体の使い方にこだわり

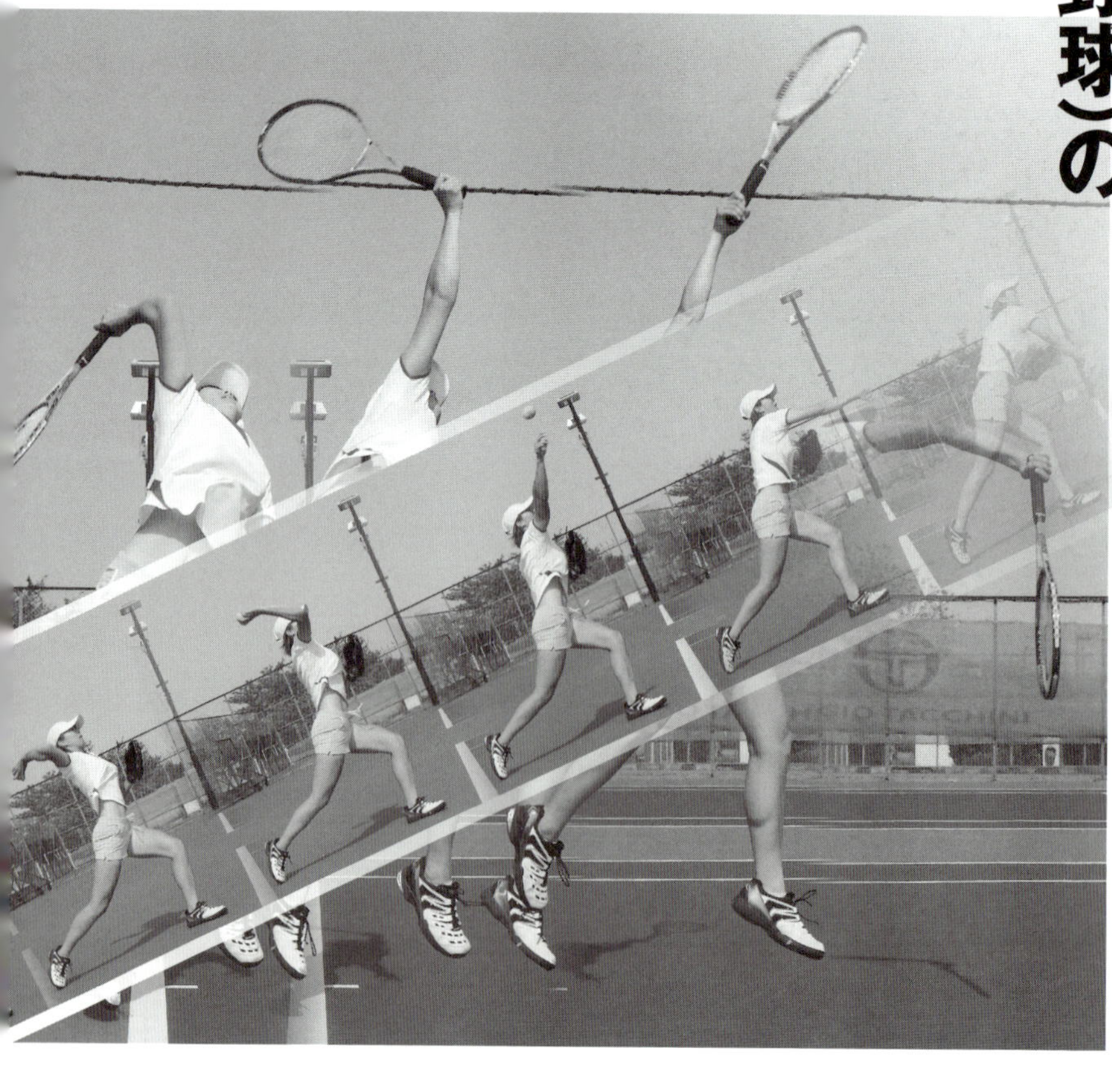

ます。ひたすら自分を研究します。テニスが道具（ラケットワーク）にこだわるのは、間違ったアプローチに思えてなりません。結果的に小手先の話に過ぎないからです。野球も指先の感覚を大事にしますが、彼らの場合は握り方にこだわっているのであって、決して小手先でごまかそうとしているわけではありません。野球が、走り込み、下半身を強くして地面からエネルギーをもらって、そのエネルギーを指の先まで神経を使ってボールに伝えることにひたすら取り組むのに対して、テニスも体をきちんと回して、下半身を使って地面からエネルギーをもらって運動連鎖していく、そこにひたすら取り組むべきです。そうすると、そのあとでラケットを握っても、正しいグリップで握りさえすれば、ラケットは正しい運動に導かれて正しいスイングになります。テニスプレーヤーがピッチャーから学ぶべきは「体を

機能的に使う方法(ボディワーク)」です。

――日本選手のサービス力の低さが以前に増して言われていますが、やはりサービスに対する意識、取り組み方が間違っているのでしょうか。

堀内　かつて自分がプレーヤーとしてやってきたときも、指導者となって選手たちと戦うようになってからも、プロたちの戦いぶりを見ていても、日本選手のサービス力は低いと言わざるを得ません。ということは、取り組み方が間違っているということだと思います。サービスキープができなくて当たり前と思っている選手がいます。サービスが弱いから別のストロークに磨きをかけて補おうとする選手がいます。いずれも、ごまかしてプレーしているだけで根本を解決していません。サービスの重要性の認識もまた弱いと言わざるを得ません。ごまかしが通用する相手はいいところ同レベルまでであって、高いレベルが相手になれば、そんなことはいっさい通用しません。よりよくなりたければそこから逃げないで、もっとサービスを研究して、トレーニングすべきです。これは自分自身、そうしてごまかして指導してきた反省もあって今思うことです。

――『体を機能的に使う』ことの大切さとサービス強化について、学生のみなさんはどうとらえていますか。

堀内　みんなグローブを持つようになりました。上手な選手に〝どうやって投げているのか〟と聞くようになりました。野球部の学生に教わりに行く学生も出てきました。そうして根本から取り組むようになって、学生たちのサービス（スマッシュも！）が変わり始め、彼ら自身が変われると感じたときに、僕自身も人は絶対に変われるんだという確信が持てました。だから今、指導者としてやってはいけないと思うことは、過去の反省も踏まえて、選手の潜在能力を低く見てはいけないということです。これくらいだろうとか、これは無理だとか、指導者が線を引くことだけは絶対にしてはならないと思っています。だから指導者がサービスをあきらめてはいけないし、後回しにしてもいけない。テニスはサービスから始まるスポーツですから。

PART 6

ついてしまった癖を直したい

サービスの欠点・弱点解消講座

サービスに回転がかかっていないと入らないのはサービスラインがネットより下にあるから

CHECK 1

サービスのボール軌道のイメージを確認しよう

よいサービスをマスターするにあたって、このイメージ確認は必ず行いましょう。

① テニスコートのイラストに、あなたがイメージするサービスのボール軌道を描いてみましょう。そのときプレーヤーのインパクト点から、どんな軌道になるかを描いてください。

② 今度は実際にあなたがコートに立ち、サービスポジションで構えます。そのときサービスラインはどこに見えますか？

③ 次にそのサービスポジションに台を置きましょう。台の高さは

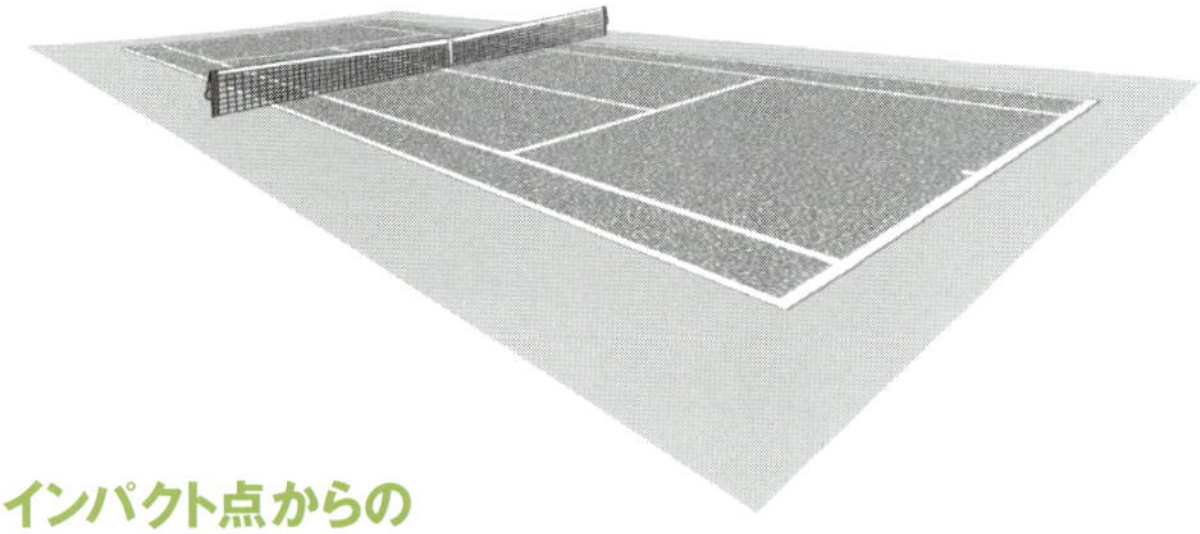

インパクト点からのサービスのボール軌道を実際に紙に描いてみよう

ラケット1本くらいが目安です。この台は、インパクト点に目線を上げるためのもので、その台に乗ったときサービスラインはどこに見えますか？

写真のプレーヤーの身長は170cm強です。このプレーヤーの場合、②③ともサービスラインがネットの「下」に見えていることがわかります。おそらくサービスラインがネットよりも「上」に見える身長とは、190～200cmクラスのプレーヤーではないでしょうか。

①で描いたイメージが、②③の作業をしたあとで正しいか否かが確認できます。

私はサービスを指導する際は、その都度、この確認作業をプレーヤーにやらせていますが、多くは①のイメージが正しくないことに「ハッ！」としています。その間違ったイメージとは「直線」で、しかし②③の作業をしてネットの下にラインが見えることに気づくと、「直線ではサービスは入らない」ということがわかります。

CHECK 2

サービスの基本は放物線を描く『ナチュラルスピン』

写真は男子プレーヤーでしたが、女子プレーヤーになると、さらに小柄なプレーヤーが多いわけですから、どんなに腕を伸ばしても、ジャンプして打っても、サービスラインはネットよりも「下」です。ということは、インパクト点からボールは、上に打ち出し→回転をかけて→サービスエリアに落とす、放物線を描くサービスを打っていかなければサービスエリアには入らないのです。

　マスターすべきは直線系（回転なし）ではなく、曲線系（回転あり）サービスです。

　だから、サービスの基本は『ナチュラルスピンサービス』（回転のかかったサービス）であり、『フラットサービス』（ここでは回転のかかっていないサービス／直線系）ではありません。

✕ 直線のイメージ

サービスの基本は『フラットサービス』であると理解して練習していると「入らないサービス」が基本になってしまいます。ここは絶対に勘違いしてはならない大事な基本であり、イメージです。

曲線のイメージ

厚いグリップのサービスは上達に限界がある コンチネンタルグリップで始めよう

CHECK 1

厚いグリップはすぐに上達の限界がやってくる

サービスに欠点があるプレーヤーは、必ずといっていいほど厚いグリップで握っています（厚いグリップとはフォアハンドに近いグリップで、薄いグリップとはバックハンド寄りのコンチネンタルグリップ）。そのグリップはどんな問題を引き起こすのか、いくつかの例を挙げます。

①体全体を使ったスイングができない。背中をかくようなスイングで、ラケットが耳元近くを通り、縮こまったスイングになる。

②手首に頼りがちになり、「手首調子」のサービスになりやすい。

③グリップの影響で動作方向と打球方向が同じとなるため、ボールに十分な回転がかけられず球種が少ない。また威力も出ない。

④動作方向と打球方向が同じため、相手にコースを読まれやすい。

これらのことからも、厚いグリップのサービスは上達の限界がすぐにやってきてしまいます。

サービスがよいプレーヤーは必ず薄いグリップ（コンチネンタルグリップ）で握っています。体幹をひねることに始まる運動連鎖ができていることも特徴で、体幹→肩→肘→腕→手首→ラケットと徐々に力を増していき、そこに下半身の動きも加わり、最後に大きな力を発揮していきます。

また、ボールに自然なスピン（ナチュラルスピン）がかかっていることも特徴です。これは重要なチェックポイントです。回転がかかるということは、結果的にコートにボールを落とせます。つまりネットの上を高く越えたあとで落とせるので安全です。さらに風が吹いたり、天候が崩れたときでも、回転をかけていればボールをコントロールできます。

その回転のかけ方（動作方向）、回転量（多い・少ない）を変えれば、ボールのスピード、バウンドも変えることができるので、何種類ものサービスを生み出すことができ、それが武器になります。ところが厚いグリップではこれができません。

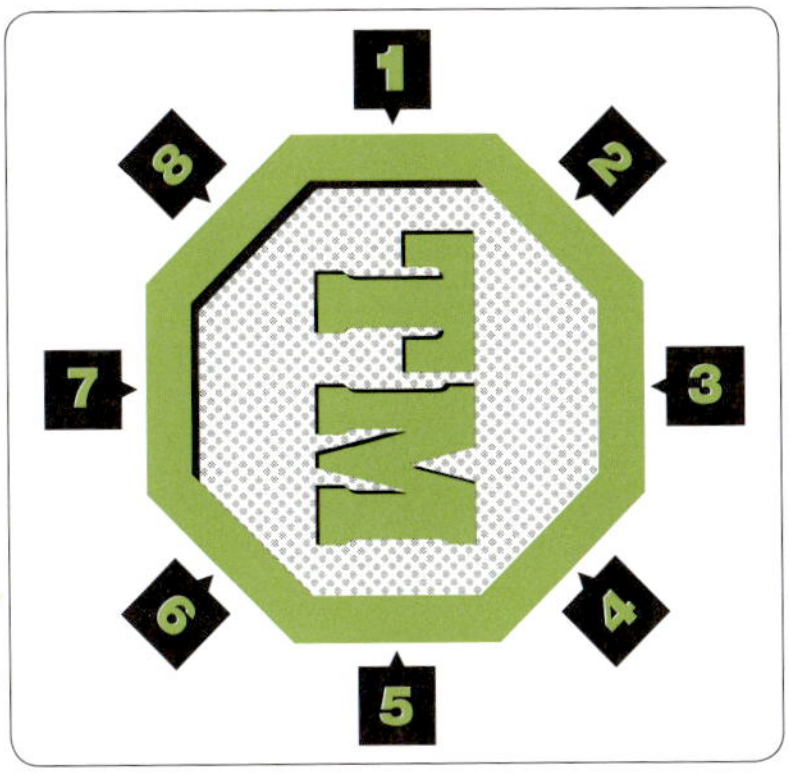

グリップ番号
番号面に親指と人差し指でつくるV字を当てて握る。

薄いグリップの構え
薄いグリップは8番面に親指と人指し指でつくるV字を当てて握る。このグリップでサービスの構えをすると、デュースサイド、アドバンテージサイドともにラケットヘッドは左方向を指し、ラケット面は上を向くのが特徴。

CHECK 2

薄いグリップは寄り道せずに上達できる

厚いグリップのサービスは、薄いグリップのサービスに比べてスイング動作が体に近く、コンパクトに収まりやすいことから、サービス導入の際にすすめられる傾向があります。小さなエネルギーで簡単にサービスコートにボールを飛ばせるため、すぐにゲームが始められる〝手っ取り早い方法〟とも言えるでしょう。

しかし、ここで手っ取り早くことを済ませてしまうと、あとで痛い目に遭います。〝本格的なサービス〟から遠のいてしまいます。かつて私もそういう指導をした時期がありましたが、今はそれをしません。なぜなら上達に限界があるからです。厚いグリップで習ってきた学生を預かることも多いのですが、彼らが薄いグリップのサービスに変えるのに多くの時間と労力を必要とする姿を見

厚いグリップのサービス

体が正面(前)を向く傾向がある。

スイングプレーン(214-215ページ)からフォワードスイングが外れている。

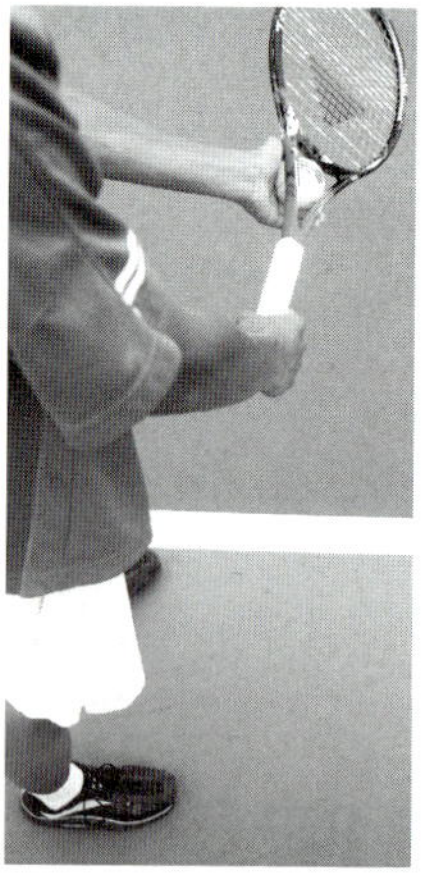

厚いグリップの構え

厚いグリップは1～3番面に親指と人差しでつくるV字を当てて握るもの。番号が大きいグリップを握るほど、サービスの構えをするとラケットヘッドが打球方向を指し(薄いグリップは常に左方向)、ラケット面は下を向く(薄いグリップは上を向く)のが特徴。

るとき、やはり導入期に厚いグリップでサービスを覚えることの弊害を痛感します。

最初から薄いグリップのサービスにトライしましょう。多少むずかしく感じても、違和感を感じても、ダブルフォールトをしても、めげずにトライしましょう。過程でのミスは気にせず、違和感を当たり前としましょう。その方があとで寄り道せずに上達できます。これは断言できます。

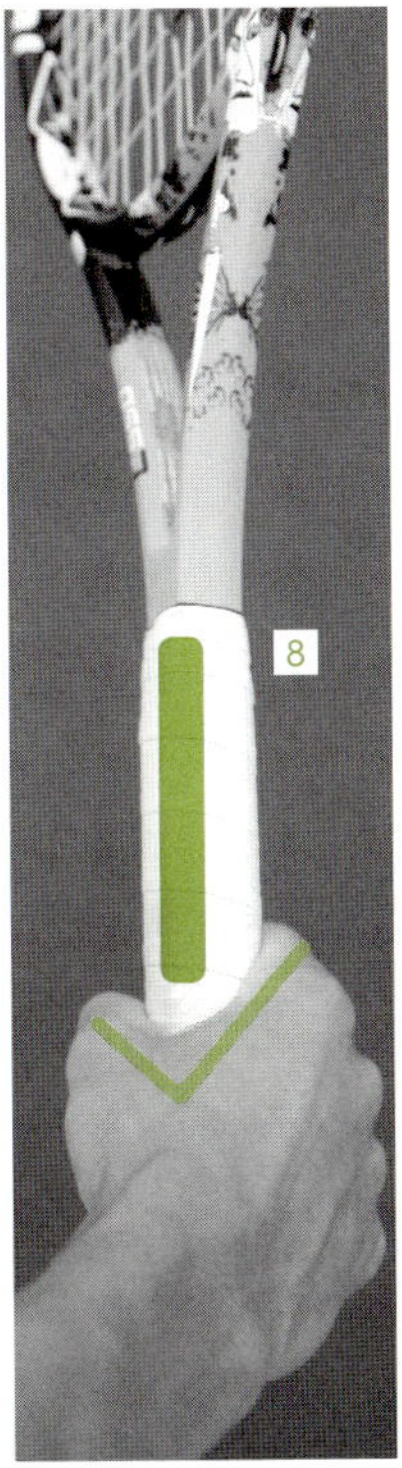

薄い

コンチネンタルグリップ

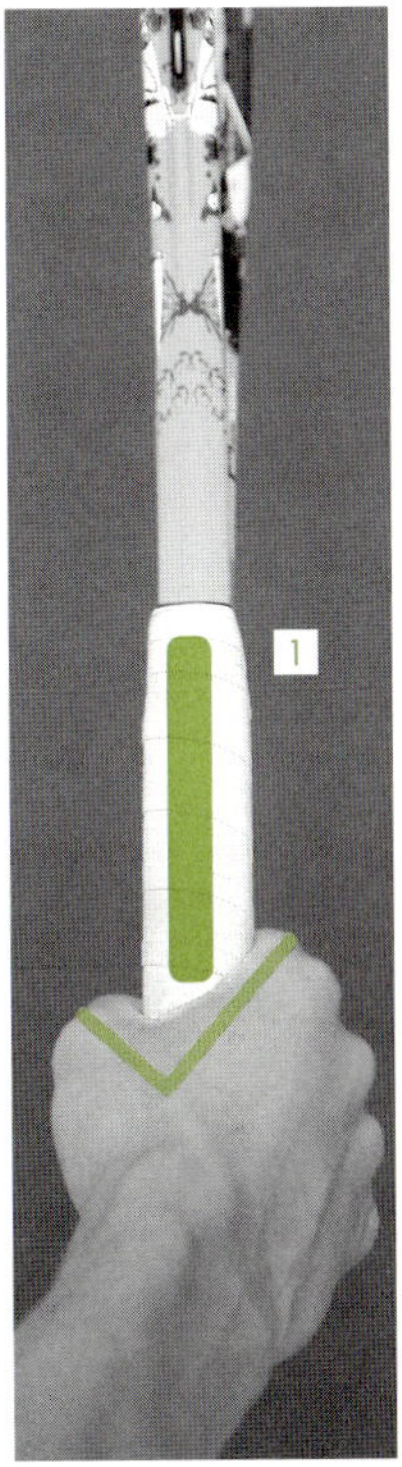

やや厚い

イースタン
フォアハンドグリップ

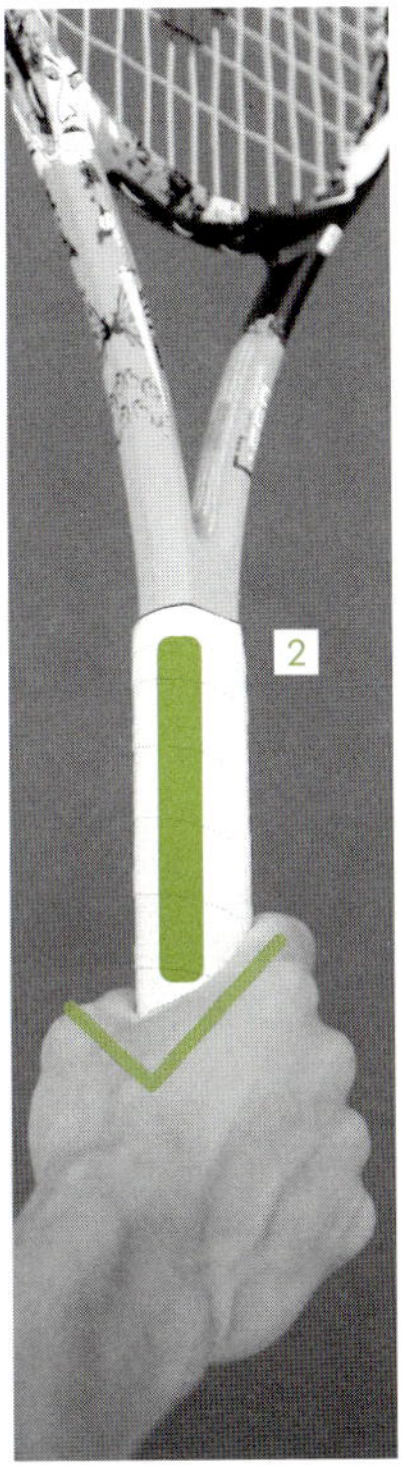

厚い

セミウエスタン
フォアハンドリップ

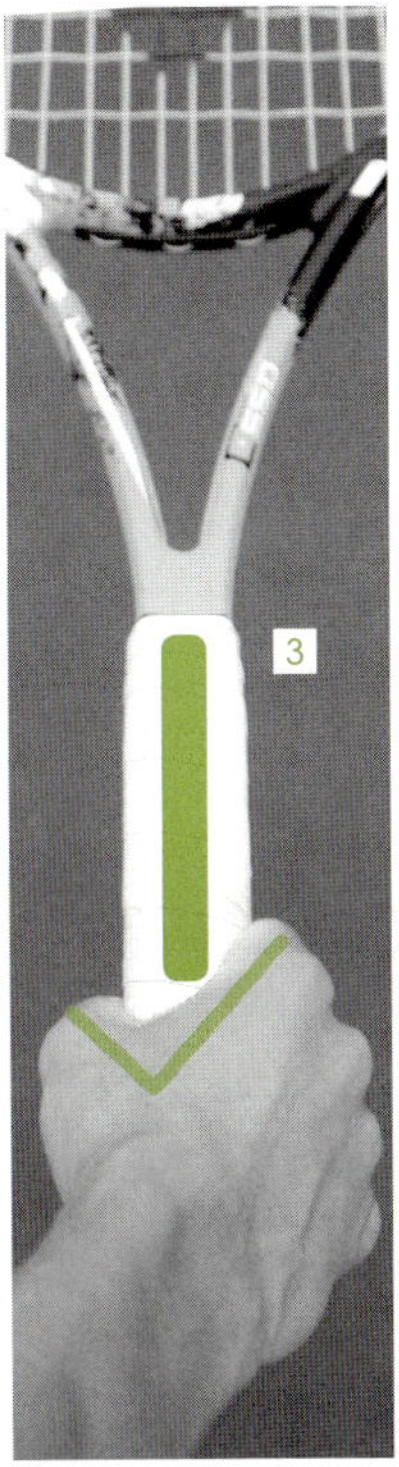

厚い

ウエスタン
フォアハンドグリップ

CHECK 3

グリップによって スイングは微妙に違う

「厚いグリップでスイングを覚えたあと、薄いグリップに変える」という指導がうまくいかないのは、両者の動作の違いを正しく理解できていないためでしょう。

厚いグリップは動作方向と打球方向が同じであり、薄いグリップは動作方向と打球方向が違います。つまり「違う運動」なのに、それを踏まえずにグリップだけをいじると、プレーヤーが違和感を感じて、不安になったり、ストレスを感じて、うまくいかないことからグリップを戻してしまうのです。厚いグリップのプレーヤーが薄いグリップに変えようと、握り替えてサービス練習をしてもなかなかよくならないのは、多くが「やるべきこと」が理解できていないことにほかなりません。

厚いグリップから薄いグリップへ

グリップが違えばスイングも違う

厚いグリップのサービス

回転系のサービスが打てない

上達していく過程では、相手のレベルも上がっていく。その中で勝つためには、自分のサービスゲームは必ずキープし、かつ、相手のサービスゲームをひとつブレークすることが条件になる。だからこそ上達の限界がやってこない"本格的なサービス"が必要であり、厚いグリップのサービスでは、どこかで壁にぶつかってしまうことに。

動作方向と打球方向が同じになる。

ボールの真後ろをとらえる。

インパクトで体が正面を向く。

変えるときは、それまで覚えたサービスの「体の向き」「スイング」「リズム」「打球感」などを壊して、イチから始めることです。ちょっとの修正で変わるものではありませんから、大胆にチャレンジすることをすすめます。習得するまでには時間はかかりますが、その苦労を乗り越えたら、きっと上のレベルに通用するようになるでしょう。

グリップが違えばスイングも違う

薄いグリップのサービス

さまざまな球種(回転やスピード)が打てる

相手のサービスの良し悪しにかかわらず、自分のサービスゲームではスピン系、フラット系、スライス系などを駆使して相手のリターン力を抑え、自分のキープ力を上げることができる。どんな相手と対戦しても必ずイーブンに戦うことができるサービス。

動作方向と打球方向が違う(動作方向は右斜め上)。

ボールを斜め上でとらえる。

インパクトで体が横を向く。

サービスとスマッシュは密接に関係している サービスが得意な人はスマッシュも得意

CHECK

薄いグリップは打点の幅が広くスマッシュでも効果的

サービスとスマッシュは密接な関係にあり、厚いグリップでサービスを打っているプレーヤーは、スマッシュも厚いグリップで打つためネットプレーに弱点が出ます。

グリップが厚いと打点は、写真の通り、プレーヤーは体を正面に向けて前でとらえるしかなく、打点の幅がわずか50㎝くらいになります。しかも体を正面に向けなければうまく打てませんから、ジャンピングスマッシュなど、大きく後ろへ動いて打たなければならない状況は特にむずかしく、インパクト面が少しでも上に向いてしまえば、ボールに回転が

グリップが厚いプレーヤーは後ろ足のつま先が前を向く。

厚いグリップのスマッシュは打点の幅が狭い

体を正面に向けて打点を前にしなければ力が入らないため、後ろへ下がりづらく、また少しでも打点が遅れるとボールがアウトしやすい。

厚いグリップのサービスと同じ

インパクトで体が正面を向く。

かからない分、アウトしてしまいます。

一方、グリップが薄いと打点は、これも写真の通り、プレーヤーは体を横に向けてとらえることができるため、打点の幅は1mくらいに広がります。しかもインパクト面が斜め下を向くので、打点が遅れてもスピンやスライスをかけてネットを越えるボールを打つことができます。

グリップを厚くしてサービスを覚えてしまうと、スマッシュも打てなくなります。グリップを薄くしてサービスを覚えると、スマッシュも得意になります。

ジャンピングスマッシュ

後ろへ大きく下がりながら打つジャンピングスマッシュも、グリップが薄ければ、多少打点が後ろになっても回転をかけてボールをコントロールできる。非常に応用力が高い。

薄いグリップのサービスと同じ

インパクトで体が横を向く。

薄いグリップのスマッシュは打点の幅が広い

体を横へ向けて打つので、打点は前から後ろまで幅広い。体を横へ向けるので後ろへ下がりやすく、打点が遅れても回転をかけてボールをコントロールできる。

グリップが薄いプレーヤーは後ろ足のつま先が横を向く。

コンチネンタルグリップの構えをしないと手首が窮屈になり、グリップがずれてしまう

CHECK 1 両サイドとも同じクローズドスタンス

コンチネンタルグリップに合うスタンスは、クローズドスタンスです。デュースサイド、アドバンテージサイドともに同じスタンスで、両足のつま先を結んだラインを打球方向ではなく、動作方向に向けます。

一方、イースタングリップに合うスタンスは、スクエアスタンスです。両サイドとも同じスタンスですが、両足のつま先を結んだラインを打球方向に向けるため、デュースサイドは左方向を向き、アドバンテージサイドは右方向を向きます。

コンチネンタルグリップで握り、クローズドスタンスで構えると、ラケットヘッドは左方向を指し、ラケットフェースはやや上を向くのが自然です。一方、イースタングリップで握り、スクエアスタンスで構えると、ラケットヘッドは打球方向を指し、ラケットフェースは地面と垂直になるのが自然です。

それぞれのグリップに合った「構え」「スタンス」があり、コンチネンタルグリップで握ったときは、必ずコンチネンタルグリップの「構え」「スタンス」をつくらなければいけません。

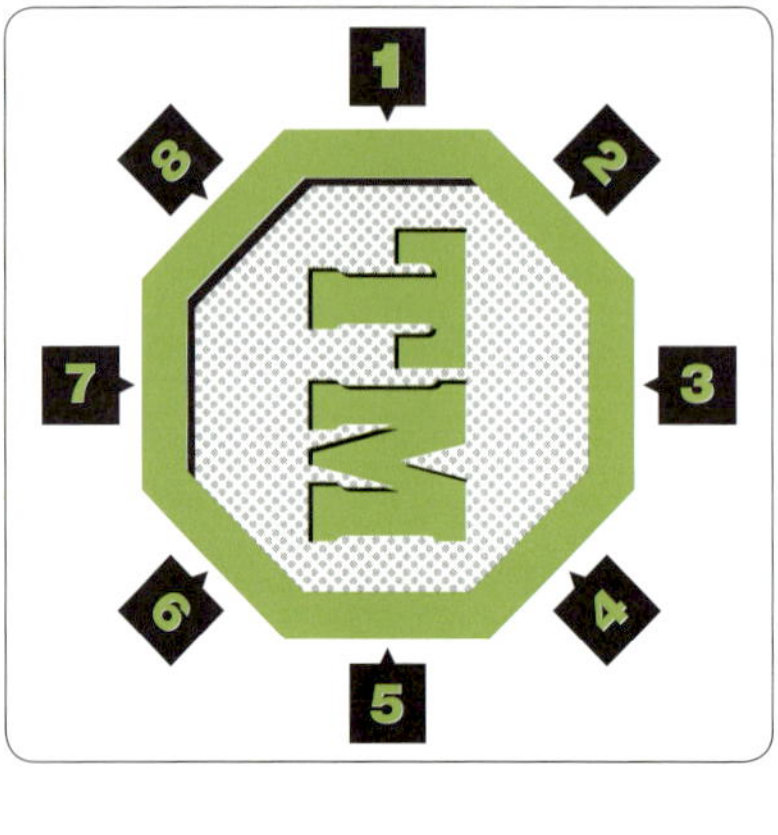

グリップ番号

番号面に親指と人差し指でつくるV字を当てて握る。

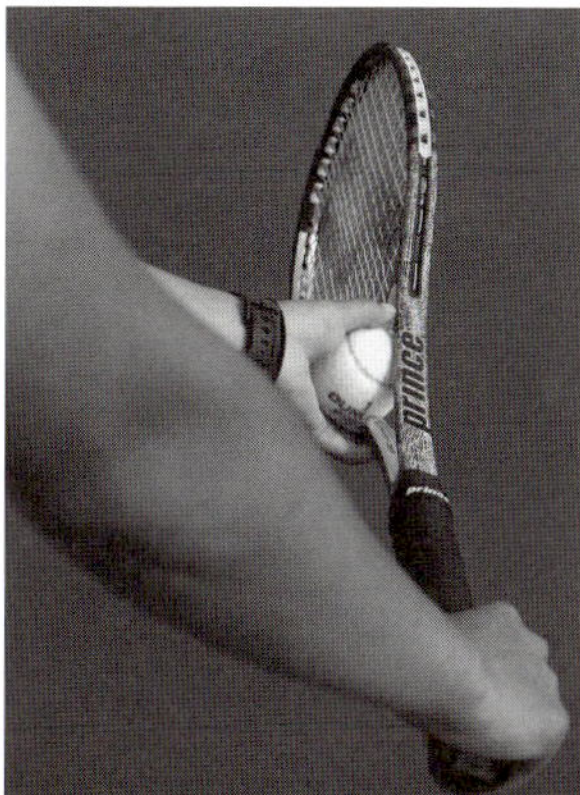

コンチネンタルグリップは8番

V字を8番面に当てて握る。手の甲が自然に伸びた状態になるのが正しい(手の甲は反らない/折れない)。

コンチネンタルグリップの構え クローズドスタンスで ラケットヘッドが左方向を指すのが自然

コンチネンタルグリップはクローズドスタンスで構える。両足のつま先が打球方向ではなく動作方向に向くため、デュースサイド、アドバンテージサイドともに同じクローズドスタンスになる。そのときラケットヘッドは左方向を指し、ラケットフェースはやや上を向くのが自然。

CHECK 2

コンチネンタルで握り イースタンの構えをしない

イースタングリップからコンチネンタルグリップのサービスに変えるとき、忘れがちなのが「構え」「スタンス」です。これもコンチネンタルに合うものに変えないといけないのですが、イースタンの「構え」「スタンス」のままでいるために、サービス改良したいのにグリップが変えられない、すぐに元に戻ってしまうといったことが起きます。

そのイースタングリップのサービスは、スクエアスタンスで構え、ラケットヘッドは打球方向を指し、ラケットフェースは地面と垂直になるのが自然です。この「構え」「スタンス」のままコンチネンタルグリップで握るとどうなるかというと、写真×のように手首が窮屈になり、気づけば楽な元のグリップ(イースタングリップ)にずらしてしまうのです。

コンチネンタルグリップで握ったら、コンチネンタルの構えをすることです。そこが一致していないと、ついた癖はなかなか直せません。

CHECK 3

イースタングリップは1番

V字を1番面に当てて握るイースタングリップは、手の甲がやや反った形になるのが特徴で、プレーヤーはこの「反り」に安定感を感じ、インパクトの形として固定してしまうことが多いものです。スピンがかけられない、サービスのよくないプレーヤーに多いグリップです。

コンチネンタルグリップでラケットヘッドを打球方向に向けてしまうと、手首が窮屈になり、グリップを楽なイースタングリップにずらしてしまうことに。

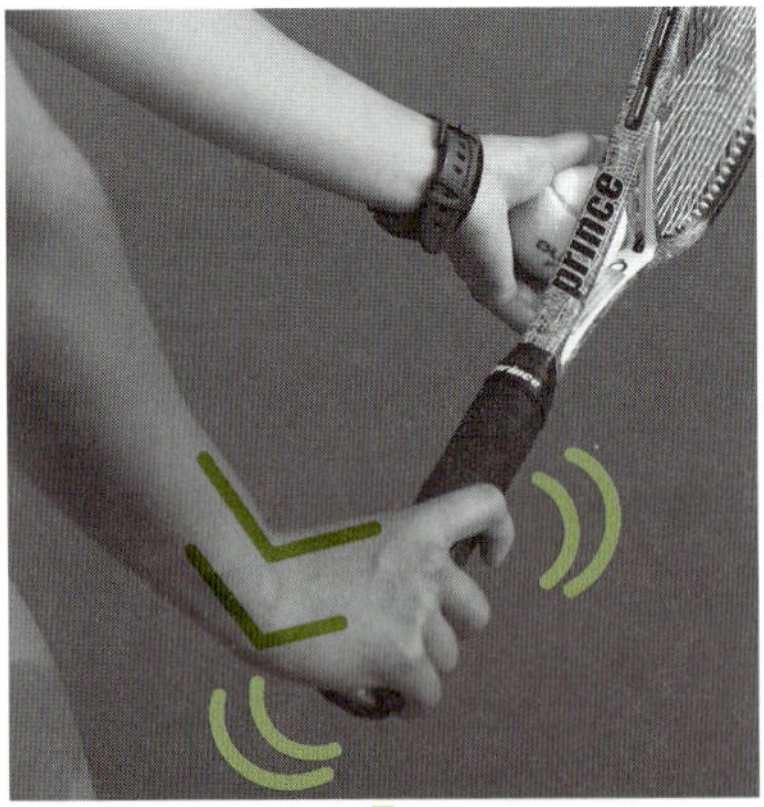

コンチネンタルグリップでイースタンの構え
打球方向にラケットヘッドを向けると、手首が窮屈になり…

イースタングリップはスクエアスタンスで構え、両足のつま先を結んだラインが打球方向を向き、それに合う形でラケットヘッドも打球方向を指すのが自然。そのイースタングリップから、コンチネンタルグリップに握り替えてサービスを覚えようとするとき失敗するのは、グリップと構えの不一致から手首が窮屈になり、楽なイースタングリップに戻ってしまうことに。

バンザイ型テークバックは体のひねりがなく大きなパワーがつくれない

CHECK 1

円運動は肩の動きを妨げやすい

サービスのテークバックのイメージとして、よく「バンザイをする」とか「両手を前後に広げる」とか「ラケットの遠心力を使う」といった円運動のイメージが言われます。

確かにサービスは、ラケットヘッドの重さを使った円運動にも見えるのですが、それは従来型のサービスで、実際のところ現代型のサービスは、ラケットの重心はラケットヘッドにはなく手首寄りにあります。体のひねり戻しを強く使った現代のサービスは、体幹→肩→肘→腕(手首)→ラケットの順にだんだんとエネルギーを大きくしていって、最後にもっとも大きなパワーをボールに伝えます。

ところが、ラケットヘッドの重さを使った円運動は、体側に沿った運動になるため、体のひねりがあまり使えません。また、スイングの最初からラケットヘッドに大きなエネルギーを与えてしまうため運動が止まらないのが特徴的で、特に、腕が体の近くにたたまれてしまうことから、肩の運動が抜けやすくなってしまいます。つまり、このスイングは大きなエネルギーをつくることがむずかしく、またエネルギーの伝達もうまくできないのです。

バンザイ型テークバックは遠心力を使うため体側に沿ったスイングになる

CHECK
2
テークバックとは体をひねる(回す)こと

テークバックでは、「ラケットを引く」のではなく、体を横にひねります(回します)。ひねった先にラケットがついてくると考えましょう。体を横にひねり、両肩・両腕を同期させるのがテークバックです。

「ラケットを引く」と考えると、体の末端にあるラケットを最初に動かすイメージになり、それが体をひねる運動を妨げる原因になりやすいのです。

捻転型テークバックは体のひねりを使うため体幹にエネルギーがある

体をひねることで始まるテークバックは、体幹からエネルギーをつくり始め、体幹→肩→肘→腕(手首)と徐々にエネルギーを大きくしていき、最後に→ラケット→ボールへとそのエネルギーを伝達する。だからテークバックのときには、ラケットの重心はラケットヘッドにはなく、手首寄りにあり、それは体幹にエネルギーがあるためである。

6 7
8
9
10

6 7
8
9
10

体をひねる(回す)、それがテークバック

ラケットを引くのではなく、体をひねるのがテークバック。体幹からエネルギーをつくり、伝え始めるので、ラケットの重心はラケットヘッドにはなく手首寄りにある。そして、体幹→肩→肘→腕(手首)と順序よく回転し、徐々にエネルギーを大きくしていき、最後に、ラケット→ボールへ伝える打法。

ラケットヘッドの重さ(遠心力)でテークバック

バンザイするようにテークバックすると、体側に沿った動きとなるため、体をひねることができない。また、ラケットの重心が最初からラケットヘッドに移ってしまい、大きなエネルギーが働いて、動きが止まらず、腕が体の近くにたたまれて、腕を伸ばしてボールを打つことになる。実は効率的にエネルギーをつくり、伝えられない打法。

ラケットは肩や背中に担がないテークバックでラケットは顔の前

CHECK 1

ラケット面がどこにあるか自分の目で一度確認してみよう

写真を見てください。近年、サービスがよいプレーヤーはほとんどこの形のトスアップ&テークバックをしています。ここでチェックしてほしいポイントはラケットと腕、肘、手首の位置です。どこにありますか?

トスアップ&テークバックのあと、次のフォワードスイングに入る前には、上半身主導の運動が下半身主導の運動に切り替わる〈切り返し〉(一瞬の静止)があり、このときラケットは顔の前にあります。肘の角度は90度、グリップと手首の角度は135度くらいで、ラケットの重心は手首寄りです。これが理想形です。

ラケットは背中に担がない

テークバックのとき、ラケットは背中に担がない。ラケットは顔の前で、ラケットの重心は手首寄り。肘の角度は90度、グリップと手首の角度は135度くらいが理想形。

ラケットは顔の前

テークバックのとき、ラケットは体の前を通り、顔の前にくる。

CHECK 2

ラケットを背中に担ぐと必要な運動が抜けてしまう

テークバックのイメージを間違えているプレーヤーは多いものです。「ラケットを背中に担ぐ」とか、「ラケットで背中をかく」、あるいは「脱力してラケットヘッドを背中に落とす」「手首を耳に近づける」といったイメージで、間違った運動を練習している例が少なくありません。

ラケットを背中に担いだり、ラケットで背中をかくようにすると、腕をたたむ運動をしてしまうため、本来、サービスを打つのに必要な〈体を回す〉運動ができず、特に〈肩を回す〉運動と〈前腕を回す〉運動が抜けてしまい、体を回せず、肩を回せず、腕を回せず、いきなり〈肘を伸ばす〉運動をしなければならないのです。だから、ボールを打つときに担いだラケットを〝どっこいしょ〟と持ち上げるようなフォームになるのです。

必要な運動が抜ければ、エネルギーはロスします。すなわち大きなエネルギーもつくれません。

ラケットを背中に担ぐ

ラケットを背中に担ぐと、腕をたたむ運動をしてしまうため、〈体を回す（ひねる）〉運動ができず、〈肩を回す〉運動、〈前腕を回す〉運動が抜けてしまい、いきなり〈肘を伸ばす〉運動をしなければならない。これがラケットを下から上に“どっこいしょ”と持ち上げるフォームの原因。

やってはいけない練習

正しい運動を理解できていないプレーヤーが、写真×のようにラケットを背中に担いで、止めた構えからサービス練習をすると、多くは「肘を落として上げる」という動作になります。運動は、運動を始める前に必ず『予備動作』というものを必要としており、写真×の構えをすると、予備動作は「肘を下げる」動作になってしまい、結局、背中にラケットを担ぐことになってしまいます。

この練習の問題点は、①肘が下がる時間的猶予があること、②肘が下がって運動連鎖が止まってしまうことにあります。サービスは体のひねりを予備動作に、各部位の回転運動を導いています。それを身につけるためには、写真○のようにラケットは顔の前に置き、ひねる（体を横に回す）動作を予備動作とすることです。そうすると肘は下がらず、正しい運動連鎖ができます。

○
ラケットは顔の前にテークバックして体をひねるのが正しい

×
ラケットを肩（または背中）に担いでテークバックすると肘が落ちる原因になる

トスアップは「前」ではなく「横」体をひねると左手は右斜め前〜横方向に上がる

CHECK 1

トスを前に上げるとさまざまな問題が起こる

トス＝ボールは前に上げると言います。しかし、トスを上げる腕を、ネットに対して前に上げると、体をひねることができません。写真×のようにさまざまな問題が起きます。いずれもよく見かける問題フォームです。

トスアップを「前」にすると体がひねれない

トスを前に上げると体側に沿ったスイングになり、体をひねれない（回せない）。

インパクトで顔を背ける

コンチネンタルグリップと体の向きがマッチしていないと、顔を背けなければ打てない。スイングプレーン（214-215ページ）をずらして打つことになる。そして肩や手首に負担がかかる。

インパクトで正面を向く

インパクトで正面を向くため、肩や手首に負担がかかる。

グリップがズレてしまう

グリップに合った体の向きをつくらないと打ちにくいので、グリップを厚く握り替えてしまう原因になる。

トスアップは右斜め前〜横方向
体をひねり、両肩・両腕を同期させる

トスアップは体を横にひねって始まる。そのとき両肩・両腕を同期させると、
左手はベースラインに沿って右斜め前〜横方向に上がる。

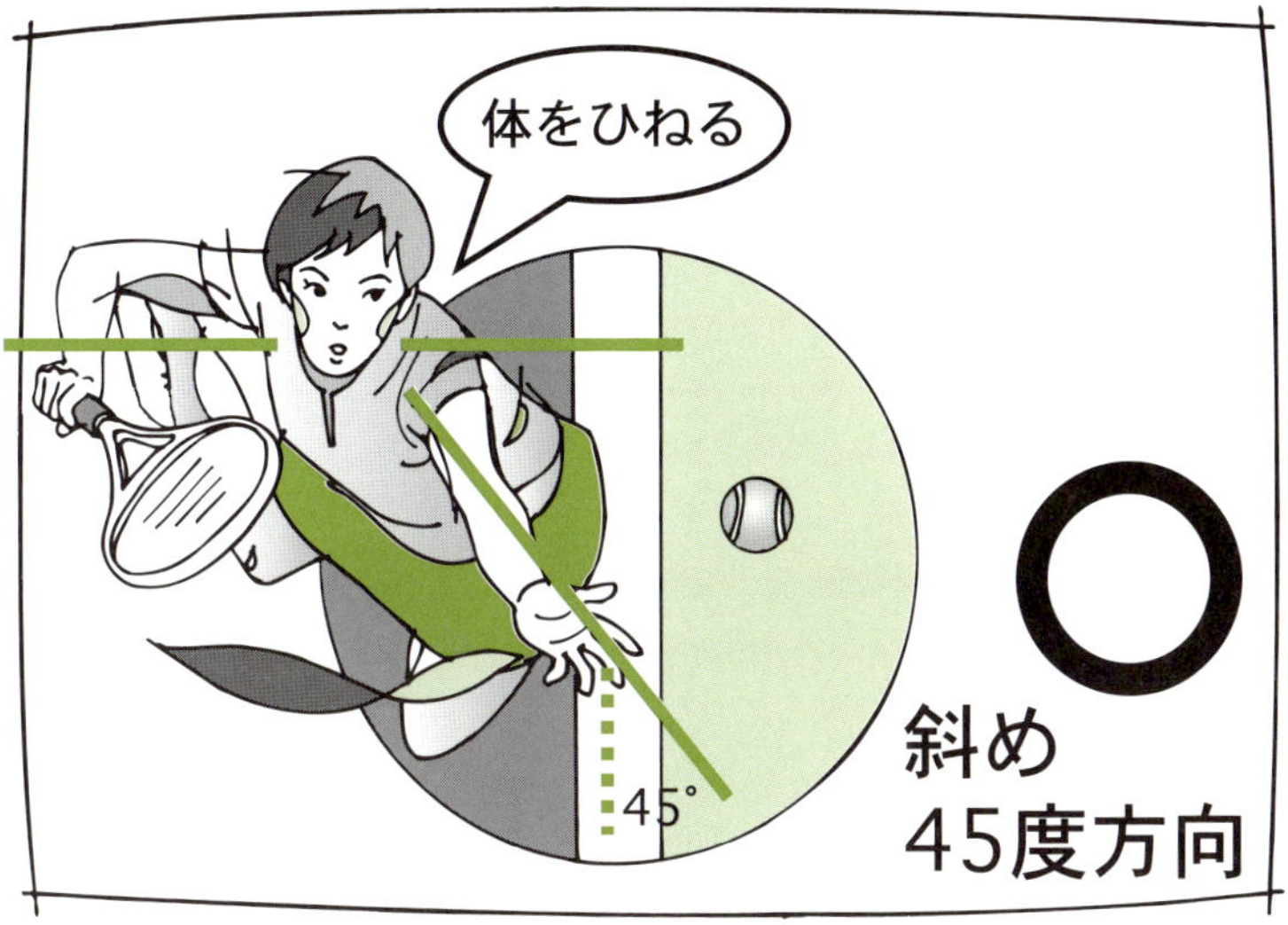

体をひねる
45°
○
斜め
45度方向

グリップに合わないトスアップをすると…

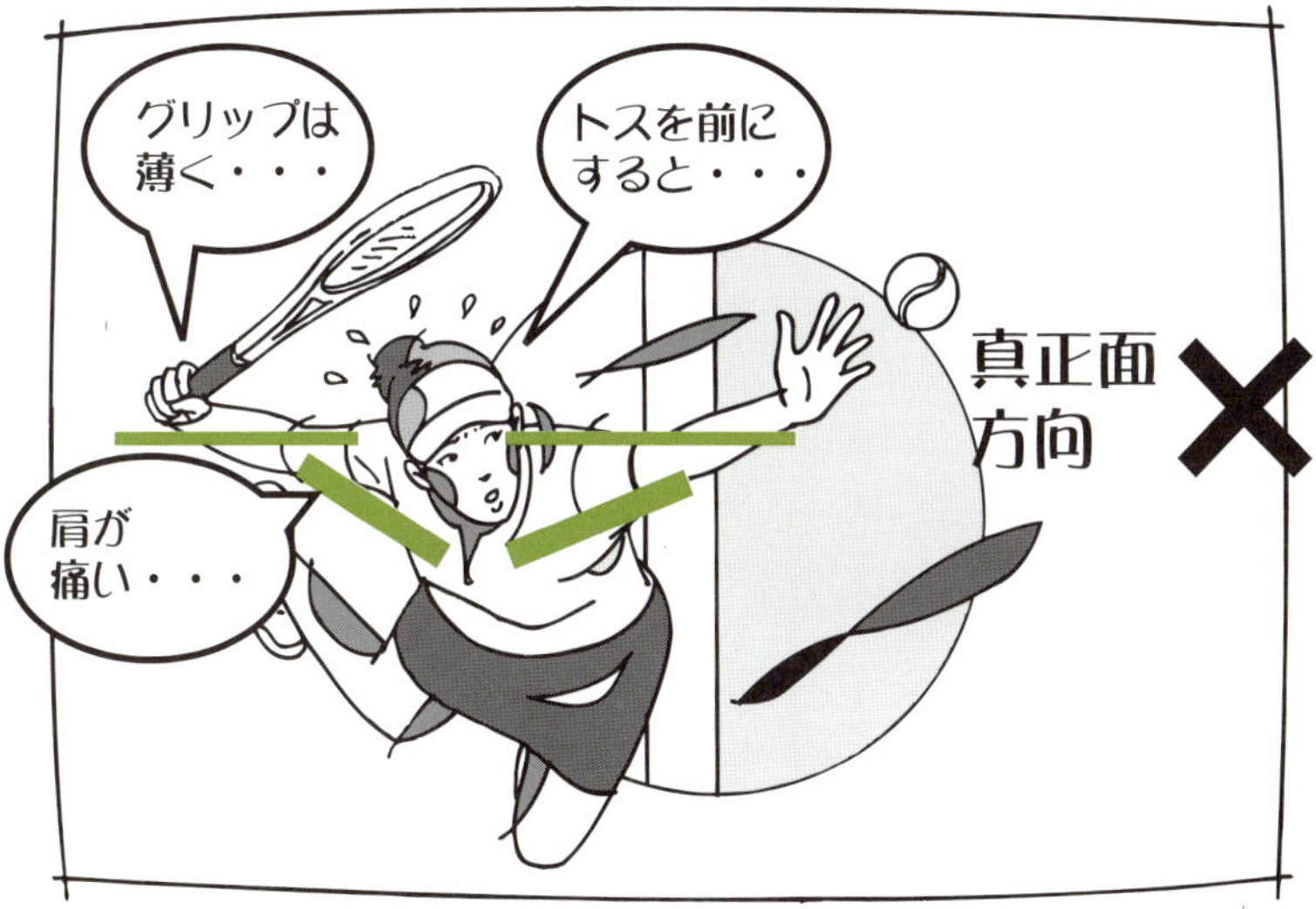

グリップは薄く・・・
トスを前にすると・・・
真正面方向
×
肩が痛い・・・

CHECK 2

バランスボールの捻転動作がサービス動作につながる

体のひねりに合わせて、両肩・両腕を同期させるトスアップ&テークバックを身につけるために、バランスボールを使って練習しましょう。

両手でバランスボールを持ち、サービスを打つイメージで構えます。クローズドスタンスで立って、ラケットを持っているときと同じように構え、ボールを前に突き出します。そこから体をひねりながらボールを引き上げてテークバックすると、体のひねりを実感しつつ、ボールが体の前を通って顔の前にきます。そして、トスアップの左手が横方向に上がるのがわかります。これが正しいトスアップとテークバックです。肘の角度は90度で理想的な形になります。

次にフォワードスイングですが、その前に一瞬の静止状態を境に、それから〈切り返し〉ます。持ったボールを止めたまま体のひねりを戻しましょう。そうすると肘が前に出ますので、右斜め上方向にボールを投げて（腕を回して）フォロースルーです。顔を動作方向である右斜め上に残します。これも大切なポイントです。この一連の動作がサービス動作であり、ラケットに持ち替えてもまったく同じと考えられます。

ボールを引き上げてテークバック

クローズドスタンスで構え、ボールを引き上げると、左手(トスの手)は横方向に上がり、ボールは体の前を通って顔の前へ。

ボールの位置を変えずに〈切り返し〉

ボールの位置を変えずに〈切り返す〉と、肘の角度(90度)が崩れない。そうすると運動連鎖により肩が回り、肘が出て、腕が伸びながら、腕が回る。これが大きなエネルギーを生む運動連鎖となる。

4 5 6

ボール（手首）の位置を変えずに〈切り返す〉と、肘の角度（90度）が崩れない。そうすると運動連鎖により肩が回り、肘が出て、腕が伸びながら、腕が回る。これが大きなエネルギーを生む運動連鎖。

ボール(手首)の位置を変えずにひねり戻す

1 2

3

高すぎるトスはあちこちに散らばるもと 低いトスの方がエネルギーが小さく安定する

CHECK 1

体の捻転に合わせてトスはゆっくりと低く上げる

サービスのトスが安定しないプレーヤーの多くは、ボールを持つ左手とラケットを持つ右手が体の捻転と同期していないということが挙げられます。左腕と右腕の動きがズレていたり、両腕の動きが速すぎたり、それによってトスが乱れたり、腕の振り上げが速いことからトスが高すぎて安定しません。トスは体の捻転に合わせて両肩・両腕を同期させて、ゆっくりと低く上げます。これがトスを安定させるポイントです。

✕ 腕や手首を使ってトスするとボールが加速して乱れる

体の捻転なく、腕や手首を使ってトスアップすると、ボールが加速して乱れやすく、高く上がりすぎる。高く上がると落ちてくるボールのエネルギーが大きくなり、そこにラケットをコンタクトさせるのはむずかしい。

体のひねりに合わせてゆっくりと棚の上にボールを上げる

体のひねりに両肩・両腕を同期させてトスアップすると、ボールのエネルギーが小さくて済むので、トスは低くてよく、ラケットとボールのコンタクトがやさしくなる。高さの目安はインパクト点よりやや上で、ボールを棚（ラケットの上）に載せる程度。

むずかしい 腕を振り上げてトスアップすると、ボールが加速して高くなってしまう。安定しない原因になるし、加速したボール(エネルギーが大きなボール)は打つのもむずかしい。

CHECK 2

高すぎるトスはエネルギーが大きく、打つのがむずかしい

サービスは高い打点で打つものという意識が強いと、トスを高く上げすぎる原因になるのであまり考えない方がよいでしょう。

トスを高く上げようとすると、腕や手首を使ってボールを加速させてしまいがちです。加速したボール＝高く上げたボールはエネルギーが大きいため、安定させづらく、しかも頂点で一瞬静止したあと、急激に落下してくるため、ラケットを速く振り上げなければなりません。そこにコンタクトさせるのはとてもむずかしくなります。また、高いトスは、風が強い日に、もろにその影響を受けるため、結局、安定しないのです。

トスは低くて十分です。インパクト点の少し上くらいが目安。低いトスはボールのエネルギーが小さく、加速していないので安定しますし、低い分、ボールが目元に近くなるので、ラケットをボールにコンタクトさせるのがやさしくなります。風の影響も最小限に抑えることができます。

やさしい 体の捻転に合わせてトスアップすると、ボールのエネルギーは小さく済むので安定する。トスの高さは、インパクト点より少し上くらいが目安。

手首を耳に近づけると〈肩を回す〉運動が抜けやすい

CHECK 1

手を耳に近づけるのはイメージの勘違い

〈切り返し〉のとき（体をひねり戻すとき）には一瞬の静止状態があります。写真○がその〈切り返し〉以降の動きですが、チェックしてほしいのが肘と手首の角度です。一連の動きの中で、肘の角度は90度、手首の角度は135度くらいで一定していることがわかります。ポイントはその角度を保つ中での手首の位置にあります。手首の位置を変えずに体のひねりを戻すと↓肩が回り（外旋と内旋）↓肘が出て（腕を伸ばしながら）（伸展）↓腕が回り（回外と回内）↓手首が自然に返ります。

しかし写真×には、体のひねりが

ないため〈体を回す（ひねりを戻す）〉運動が抜け、腕がたたまれて、手が耳に近くなるため〈肩を回す〉運動と〈前腕を回す〉運動が抜けています。そのため、ボールを打つときは体を正面に向けて〈腕を伸ばす〉運動と手首で打ちます。本来、大きなエネルギーを生むはずの体の回転がなく、小さなエネルギーしか生まれません。

✕ 手を耳に近づけると肘と手首の角度が狭くなり〈肩を回す〉運動が抜ける

ラケットを背中に担いだり、手を耳に近づけると、腕がたたまれて肘と手首の角度が理想形より狭くなってしまう。そうすると〈肩を回す〉運動（外旋と内旋）が抜けて、運動連鎖が崩れ、大きなエネルギーをつくれない。最後は腕を伸ばして、手首で調節する「手首調子」のサービスになってしまう。

○ 肘と手首の角度を保ち手首の位置を変えずに〈切り返す〉

肘と手首の角度を保ち、静止状態。その後、手首の位置を変えずに体のひねりを戻す。そうすると体が回り（ひねりを戻す）→肩が回り（外旋と内旋）→肘が出て（腕を伸ばしながら）（伸展）→腕が回り（回外と回内）→手首が自然に返る。

CHECK 2

エネルギーをうまく伝える正しい〈切り返し〉動作が必要

テークバックの後には一瞬の静止状態があって〈切り返し〉動作があります。〈切り返し〉とはテークバックからフォワードスイングへのスイングの移行を言い、これを正しく行わないと運動が途切れてしまい、エネルギーがうまくボールに伝わりません。

そこで、〈切り返し〉動作をチェックしていきます。肘と手首は常に正しい位置にあることが大切で、角度（肘の角度は90度、手首の角度は135度くらい）を保つことです。ソフトバレーボールを肘と腕で挟むと角度が保て、切り返す練習ができます。

手首の位置を変えずに体のひねりを戻して〈切り返す〉

テークバックは顔の前に、そこから動作方向である右斜め上方向へ顔を向けたまま、手首の位置を変えずに、体のひねりを戻す。体をうねらすような動きが正解。ラケットを持っても持たなくても、運動は同じ。

ソフトバレーボールを肘と腕で挟み〈切り返し〉動作をチェック

このページにあるテークバック写真はすべて同じで、顔の前。ここにソフトバレーボールを用意して、肘と腕で挟み、手首の位置を変えずに体のひねりを戻す。これが〈切り返し〉。すると→肩が回り(外旋と内旋)→肘が出て(腕を伸ばしながら)(伸展)→腕が回る。写真は肘が出たところまでだが、この後、腕を伸ばしながら回すところでボールが落ちる。

1 2

CHECK 3

500㎖ペットボトルを使って〈切り返し〉動作をチェック

〈切り返し〉が正しくできているかどうか、500㎖ペットボトルを使ってもチェックできます。八角形のペットボトルに色のついた飲料水を半分入れます。ペットボトルの握り方も重要で、角に、親指と人差し指でつくるV字を当てて握ります。これがコンチネンタルグリップです。

次に、飲み物が常に地面と水平であるように気をつけながら、サービスのスイングをします。

まず、構えます。体のひねりに合わせて、両肩・両腕を同期させてテークバックします。ペットボトルは体の前を通って顔の前で止めてください。肘の角度は90度、手首の角度は135度くらいです。

一瞬の静止を挟んで〈切り返し〉動作をします。このとき、飲み物が地面と水平のまま切り返せればOKです。

グリップはコンチネンタル

ペットボトルの角に、親指と人差し指でつくるV字を当てて握る。

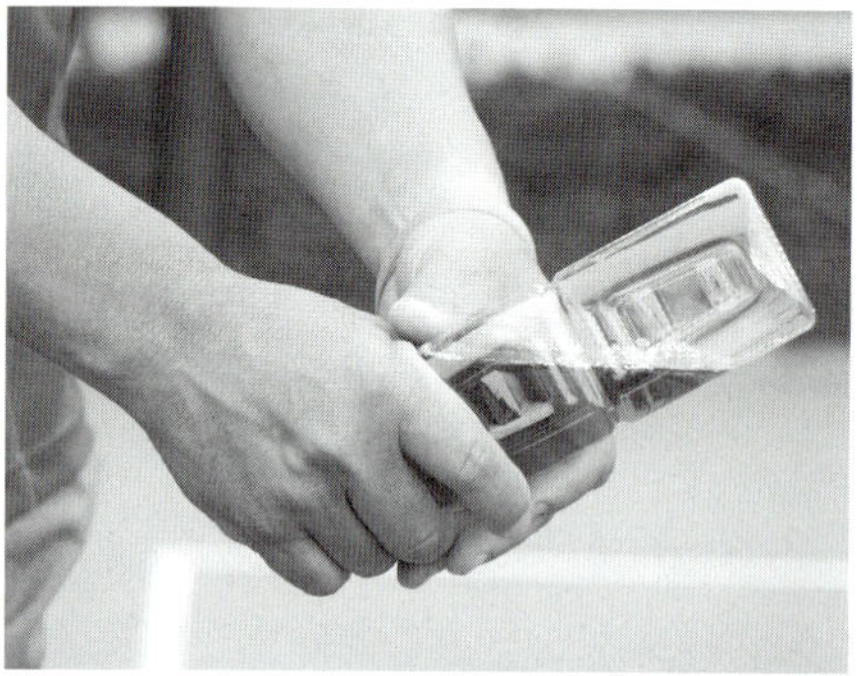

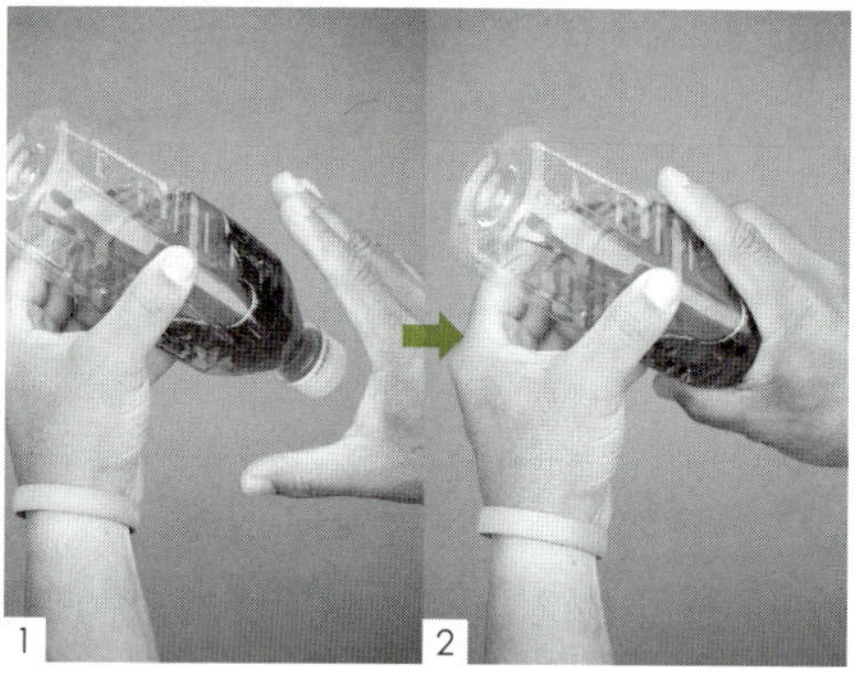

1 2

2 1

○ 捻転型テークバックは手首の位置を変えずにスムーズに切り返せる

テークバックからフォワードスイングへ。飲み物が地面と水平なまま、切り返せればＯＫ。これができれば、スイングが加速する。

× バンザイ型テークバックは手首の位置・形が変わって切り返しに失敗する

体のひねりがないバンザイ型スイングは、運動が止まらないため、腕をたたんでしまい切り返しがうまくできない。このあと〈肩を回す〉運動が抜けて、腕を伸ばしてボールを打つことになる。

バンザイ型テークバックは飲み物が先端に移動してしまう

バンザイ型テークバックは体のひねりがなく遠心力を使うため、スイング開始と同時に飲み物が先端に移動してしまう。重心が先端にあるということは、エネルギーがすでに先端に移ってしまっており、このあと大きなエネルギーはつくれず、あとで手首を使う原因になる。

捻転型テークバックは飲み物が手首寄りのまま移動しない

サービスの構えからテークバックまで。体のひねりに合わせて両肩、両腕を同期してトスアップ＆テークバックすると、飲み物は地面と水平なままになる。また、飲み物は常に手首寄りにあり、重心は手首寄り。体幹でエネルギーをタメている証拠だ。

CHECK 4

「揺らぎ動作」でサービスに必要な〈切り返し〉を鍛える

サービスの運動連鎖の中で、もっとも抜けやすいのが〈肩を回す〉運動です。そこで、うまく〈切り返し〉を行い、肩の運動が抜けないように練習します。

コートにあるフェンス、あるいは家の中なら壁やタンスなど、テークバック（手の位置が顔の前）のポーズをつくって、写真のように利き手でフェンスにつかまります。このとき、スタンスはフェンスに対してクローズドスタンスです。テークバックの肘の角度は90度、手首の角度は135度くらいを意識します。そして、フェンスにつかまったまま体を回すと、サービスのフォワードスイングにあたる肩の外旋運動ができます。

この練習を繰り返すと、体が揺らぐ感じが出てきますが、その「揺らぎ動作」が出てきたら、肩が回っている証拠です。この練習のあとでボールを投げると、思いのほか肩が回って、ボールが遠くへ飛ぶはずです。

クローズドスタンスで構える

テークバックは顔の前

手首の位置に注目。テークバックは顔の前が正しく、見えるところに両手を置く。そして、フェンスをつかんだまま左肘を引いて体のひねりを戻すと、右肘がグッと前に出てきて、肩が外旋する感覚がつかめる。この運動に続いてスイングが加速する。

「つり革」を使って揺らぎ練習

市販の「つり革」を使って〈切り返し〉練習。電車の中でもできる練習で、つり革につかまり、電車が停車したときに進行方向に向かって切り返すと、ご覧のようなダイナミックなスイングになる。ただし周りの方に迷惑をかけないように。

バンザイ型サービスのスイングプレーンは1つ しかし、正しいサービスのスイングプレーンは1つではなく2つ

テニスにも、このスイングプレーンの考え方は当てはまります。捻転型サービスのスイングプレーンは、写真○のように2つです。しかし、ひと昔前のバンザイ型サービス（従来型サービス）、または厚いグリップで打つサービスのスイングプレーンは、写真×のように1つです。

CHECK 1

スイングプレーンとはスイング軌道のこと

ゴルフでよく使われる用語に「スイングプレーン」があります。ゴルフは体の回転運動を使う競技であり、その回転運動によってクラブが描くスイング軌道をスイングプレーンと呼びます。

正しいスイングプレーンに沿ってスイングすることが基本テクニックのマスターにつながります。スイングプレーンを無視して力任せに打ったり、そもそも思い描いているスイングプレーンが間違っていたりすると基本テクニックは身につきません。

× バンザイ型サービスは運動が止まらないから1つ

スイングのはじめから終わりまでラケットを加速することでエネルギーを得ようとするスイングのため、運動は止まらず、スイングプレーンは1つ。

CHECK 2

サービスのスイングプレーンはひねる方向と戻す方向でズレる

捻転型サービスは、テークバックするときに1つ目のスイングプレーンがあり、フォワードスイングするときに2つ目のスイングプレーンがあります。上半身主導の運動が下半身主導に切り替わり、テークバックからフォワードスイングに切り返しを行うとき、一瞬の静止がありますが、その〈切り返し〉のときに、1つ目のスイングプレーンから2つ目のスイングプレーンへズレます（変わります）。体のひねりの大きさの分だけ、スイングプレーンにズレが生じます。体のひねりのない厚いグリップのサービスの多くは、スイングプレーンのズレがなく、だから1つです。

捻転型サービスは体をひねるので2つ

テークバックとフォワードスイングの〈切り返し〉のとき、体のひねりが大きいほど、2つのスイングプレーンにズレが生じる。

フォワードスイング

2つ目のスイングプレーン。

テークバック

1つ目のスイングプレーン。

〈切り返し〉のときは左手を早く解かない 左手主導で切り返すと、腕の振りにたよることになる

CHECK 1

テークバックからフォワードスイングへ〈切り返し〉が重要

テークバックは上半身主導で行いますが、同時に下半身も動き始めます。体をひねり、ひねりを戻すとき、テークバックからフォワードスイングに変わるときを〈切り返し〉と呼んでいますが、このとき、上半身を動かしてきたエネルギーをいったんゼロにするイメージで動きが静止します（写真○1）。ここから下半身主導に切り替わります（フォワードスイングへ）。上半身と下半身にある捻転差から、腰を切ってエネルギーを爆発させ、右斜め上方向にジャンプするとインパクトがあります。

CHECK 2

下半身からのエネルギーが体幹に伝わるまで左手は下ろさない

〈切り返し〉のときの左手（トスアップした手）は、下半身からのエネルギーが体幹に伝わってくるまで残していなければなりません（写真○1 2）。その後、左手（左肘）を引いて（写真○3）体幹の回転運動をサポートすると、右肩が前に出てきます（写真○4）。

1

1

×　左手を解く、または早く下ろすと…

下半身からの運動連鎖（膝→腰→体幹を回す）に関係なく、左手を早く下ろすため（写真×1 2 3）、右手（右腕）の振りにたよるプレーヤーに多く（写真×4）、うまくエネルギーを伝えることができない。

左手は解かない

下半身からのエネルギーが体幹に伝わってくるまで左手は解かない。その後、左手（左肘）を引いて回転運動のサポートをし、右肩が前に出てくる。〈切り返し〉のきっかけは下半身のジャンプであることに注目。

体幹のひねりに両肩・両腕を同期させる 腕は振り上げず、加速させない

CHECK 1

左手は横、右手は体の前をゆっくり通って徐々にエネルギーを大きくする

体を回す＝横にゆっくりひねりながら始める捻転型サービスは、両肩・両腕を同期させます。体を横にひねる分、トスアップの左手も横方向に上がり、ラケットを持つ右手は体の前をゆっくり通ります。

このとき外せないポイントはラケットの重心です。体幹をゆっくり高くひねり上げることからラケットの重心は手首寄りになります。この運動に始まり、だんだんエネルギーを大きくしていき、最後にもっとも効率よくエネルギーをラケットからボールに伝えます。

ところが、体をひねらずに腕の振り上げにたよったサービスは、運動のはじめからラケットを加速させてエネルギーをつくろうとします。重心ははじめからラケットヘッドにあり、ラケットがすでに大きなエネルギーを持っているため、ボールにうまくラケットを当てるのがむずかしくなり、そこで手首で調節する「手首調子」のサービスになります。

4

両腕を振り上げず ゆっくりと高く体をひねり上げる

構えも重要で、そこから体を横にひねり、さらに高くひねり上げる。するとトスアップの左腕は横方向に上がり、ラケットを持つ右腕は体の前を通過して、高い位置でテークバックが行われる。

1
2
3

肘が下がって、肩が回らないのはグリップとテークバックに問題がある

CHECK 1
ラケット主導のテークバックは円運動になり、肘が下がりやすい

CHECK 2
グリップ次第でスイングは変わる

肘が下がり、力がうまく伝えられないプレーヤーは、まずグリップをチェックすべきです。厚いグリップで握ると体をひねったテークバックは不向きで、両手を体側に沿って広げる円運動のテークバックが合います。一方、コンチネンタルグリップは、体を横にひねるテークバックとマッチするもので、グリップ次第でスイングは変わるものです。

6 7 8

7 8 9

イースタングリップのバンザイ型(円運動)スイング

1-3ラケット主導のテークバックは、体側に沿って大きな円運動になる。4ラケットは頭上高く上がり、5上がれば当然あとで落ちてきて、そこで肘が下がる。肘が下がると腕がたたまれ、6肩が回せず、7腕の曲げ伸ばしでボールを打つことになり、8力がうまく伝えられない。

コンチネンタルグリップの捻転型スイング

1-3体幹のひねりで始まるテークバック(ボディ主導)は、横方向に高くひねり上げており、4-6〈切り返し〉で一瞬静止したあと、下半身主導の動きが上半身主導に切り替わり、体が回り、7肩が回り、8肘が出て、9スムーズな運動連鎖によりラケットが加速していく。

5
6
7
8

6
7
8
9

バンザイ型(円運動)スイングは肘が下がる

両手を前後に開いて円運動すると、上に使ったエネルギーが下に落ちてきて、そのとき肘が下がる。
体を回す、肩を回す、腕を回す運動など、主要な運動が抜けてしまい、大きなエネルギーがつくれない。

捻転型スイングは肘が下がらない

体を横に、しかも高い位置へひねり上げているので、体幹でエネルギーをタメている。しかも肘が高く、
下げずに〈切り返し〉ができるので、運動連鎖により、さらにエネルギーは大きくなっていく。

リストワーク

手首は使うものではなく自然に動くもの それより大切なのは前腕を回すこと

CHECK 1 体→肩→肘→腕→手首→ラケット 運動には順番がある

ドラムを叩く姿を思い浮かべてみてください。どうやって音を出しているでしょう。バチを持った手がどうやって動いて音を出しているでしょうか。

手首で音を出している（手首を使って音を出している）…わけではありません。前腕が動いて（前腕が回外・回内運動をして）、それにつられて手首が動いてバチに伝わり、音を出しています。

それと同じでサービスのリストワークも、手首を使ってボールを打っているのではなく、体→肩→肘→腕と正しく運動連鎖して、エネルギーを徐々に伝えながら、そのエネルギーをどんどん大きくしていった先に手首があります。その手首は前腕の回外・回内運動によって自然に返るもので、その先にラケットがあって、ボールを打っています。

✕ 手首を使っている

手首を使って（手首が折れて）ボールを打っているため、回転がかからない。写真○のような運動連鎖がなく、エネルギーが小さい。手首が折れるためケガの原因となることもある。

CHECK 2

サービスでリストは使わなくていい自然な動きで十分

サービスを打つ＝リストを利かす・使うというイメージや意識が強いために、体を回すという大きな運動を疎かにして小さな運動＝リストを使おうとしすぎる傾向があります。

　サービスでリストを使うという意識はいりません。正しく運動連鎖すれば勝手に動きます（使われます）。使おうとすると運動連鎖でつまずき、〝小手先打ち〟になります。小手先打ちとは「手首調子」のサービスとも言い、細い神経が通う手先にたよった打ち方になり、そういうサービスは試合などプレッシャーがかかる場面や、風が吹くなど自然環境が悪いときに受ける影響が大きく、安定しないサービスです。

○ 手首を使っていない（自然な動き）

（体→肩→）肘が出て、腕が伸びながら、腕が回って、手首が返っている。この運動連鎖の中、腕が回っている途中で、ラケットがボールを打っている。エネルギーが大きくなっていき、ボールを打っているのだ。

フェンスでボールを挟む練習はやめよう 正しいサービスはフェンスでボールは挟めない

CHECK

フェンスに向かってスイングすると動作方向と打球方向が「前」になってしまう

インパクトの確認ということで、フェンスを使い、ラケットでボールを挟み込む練習をしているプレーヤーをときどき見かけます。この練習は、写真×のように体・顔の向きともに正面を向けて、厚いグリップで握らなければうまくできない練習です。ところが、薄いグリップ（コンチネンタル）のプレーヤーがこの練習をして、ボールを挟むことに専念すると、手首を返して（折って）不自然な形をつくるか、あるいは厚いグリップに握り替えるしかボールは挟めませんので、コンチネンタルグ

×

厚いグリップのプレーヤーの場合
動作方向は「前」　打球方向も「前」
つまり動作方向と打球方向が一致するので、フェンスでボールが挟める。

○

コンチネンタルグリップのプレーヤーの場合
動作方向は「右斜め上」　打球方向は「左斜め下」
つまり動作方向と打球方向は違うため、フェンスでボールを挟むことはできない！

リップで打つサービスを覚えたいプレーヤーは、この練習はすべきではありません。

○ フェンスでボールは挟めないのが正解

コンチネンタルグリップのサービスのインパクトは、体・顔ともにほぼ横向きを保ち、右斜め上なので、フェンスでボールを挟むことはできない。

× フェンスでボールを挟めるのは不正解

フェンスでボールが挟めるなら、それは厚いグリップで打つサービスのインパクト。体も顔も正面を向くため、ボールの真後ろをとらえることになり、回転がかけられない。

サービスのよいプレーヤーはボールをつかめる サービスの悪いプレーヤーはボールをつかめない

CHECK 1

腕が回転し、ラケットが加速する中でボールはつかめる

サービスのよいプレーヤーに必ずある、空中で「ボールをつかむ」という感触は、ナチュラルスピンサービスをマスターした先に多くのみなさんが共有できるものです。また、この「つかむ」感触が球種をつくるのに必要となります。

サービスは、体の回転をきっかけに大きなエネルギーをつくり出した後、ラケットを最大スピードが出る方向に振っていかなければなりません。その、ラケットが加速する中で、ボールに正確にインパクトしなければエネルギーは伝えられないのです。インパクトの際の手首にはもっとも力が入る一定角度が必要で、手首よりさらに上のラケット面に目をやれば、ボールに対して斜めに接触します。インパクトは運動の終盤にあり、腕が回転している途中、インパクト直前からフォロースルーにかけて、ラケットが加速していくときにボールをつかみ、腕の回転は続いてボールは離れていきます。

一方、ダブルフォールトの多い、サービスの悪いプレーヤーは、多くがグリップが厚く、腕が回らないため、フォワードスイングからインパクトにかけてだけにラケットの加速があるため、ボールがつかめません。

セミウエスタングリップのフラットサービス

イースタングリップのフラットサービス

ボールをつかめない

厚いグリップは腕の曲げ伸ばしによって打つため、常に手首がゆるく、また、腕が回転していないためボールがつかめない。ラケット面をボールに対して真後ろから当てるため、つかめず、弾いてしまい、回転がかからない。「パンッ！」とか「バコッ！」とか乾いた音が聞こえる。

体を正面に向けて腕の曲げ伸ばしでボールの真後ろをとらえようと調節をするため「手首がゆるい」という特徴もあります。このサービスは力が入りませんし、回転もかかりません。

コンチネンタルグリップのナチュラルスピンサービス

ボールをつかむ

コンチネンタルグリップのインパクトは、手首に一定角度があり、ラケット面はボール(球体)に対して斜めに当たる。「キュッ！」とか「シュッ！」とか湿った音が聞こえる。

CHECK 2

スイングは変えずに体の傾斜を変えて球種をつくり出す

もっとも効率的にボールに力を伝えるナチュラルスピンサービスの打法は変えません。ただし、体の傾斜を若干変えることで、ボールに対するラケット面の当たり方が変わります。それにより回転も若干変わり、球種をつくることができます。繰り返しになりますが、基本的に打法は「ひとつ」で十分です。

スピン系

フラット系

スライス系

トスの位置について補足するが、写真ではわかりやすいようにミニジャンボボールを使用し、ボール位置を3か所つくったものの、実際は同じトスか、相手にわからない程度にずらしたトスで十分。

[関連記事]
70-73ページの「9ボール修正法」でトスの位置の修正方法を、また160－161ページで「体の傾斜を変える全体ポーズ」を紹介しています。

ボールをつかむ

6
7

スイング速度とエネルギーの関係

コンチネンタルグリップのナチュラルスピンサービスの場合

コンチネンタルグリップで打つサービスは、体をゆっくりと回してテークバック。そこから運動を始めて、肩→肘→腕→手首→ラケット→ボールと徐々にエネルギーを大きくしていき、最大スピードが出る方向にラケットを加速(右斜め上)、そしてフォロースルー。最大限のエネルギーを出すことができる。

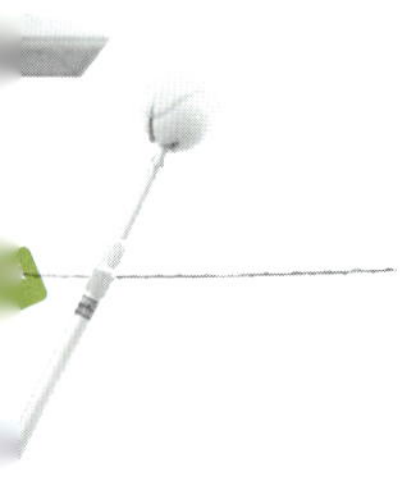

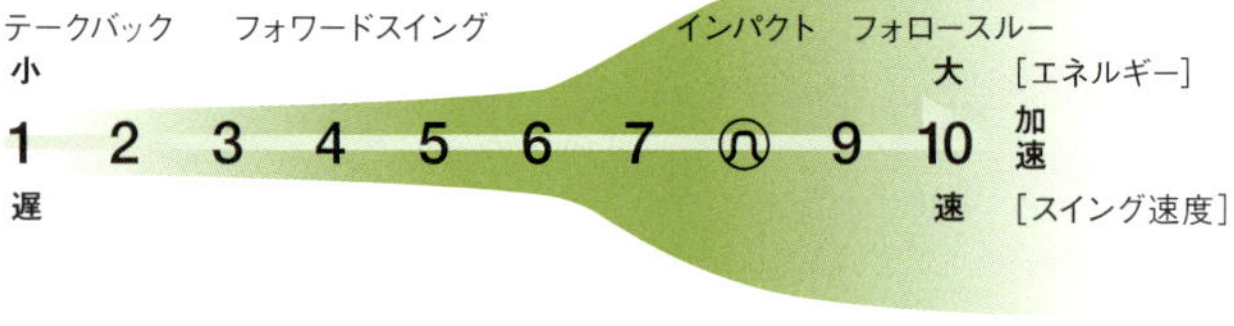
テークバック
フォワードスイング
インパクト
フォロースルー
小
大
[エネルギー]
1 2 3 4 5 6 7 ⑧ 9 10
加速
遅
速
[スイング速度]

厚いグリップのフラットサービスの場合

スイングの最初の方がエネルギーが大きいのは、体のひねりを使わず、手でラケットを引く傾向があるため。厚いグリップは、最大スピードが得られるスイング軌道が確保できないので、インパクトをうまくつくろうと、スイング速度は上がるのではなく終盤減速。

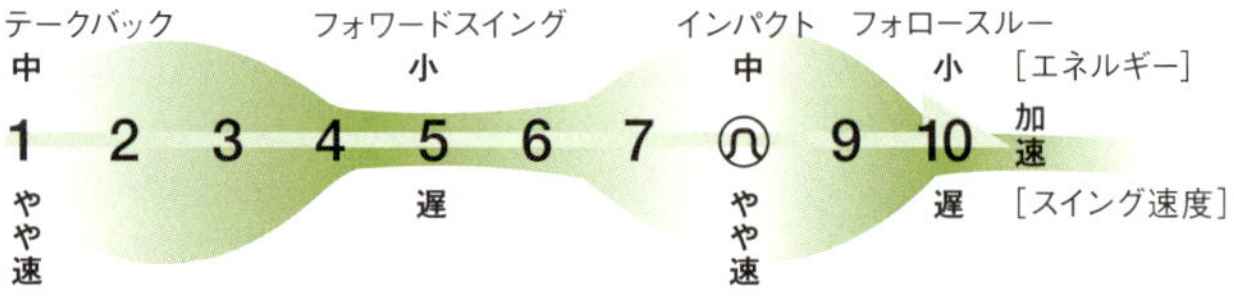
テークバック
フォワードスイング
インパクト
フォロースルー
中
小
中
小
[エネルギー]
1 2 3 4 5 6 7 ⑧ 9 10
加速
やや速
遅
やや速
遅
[スイング速度]

○ ボールをつかむ

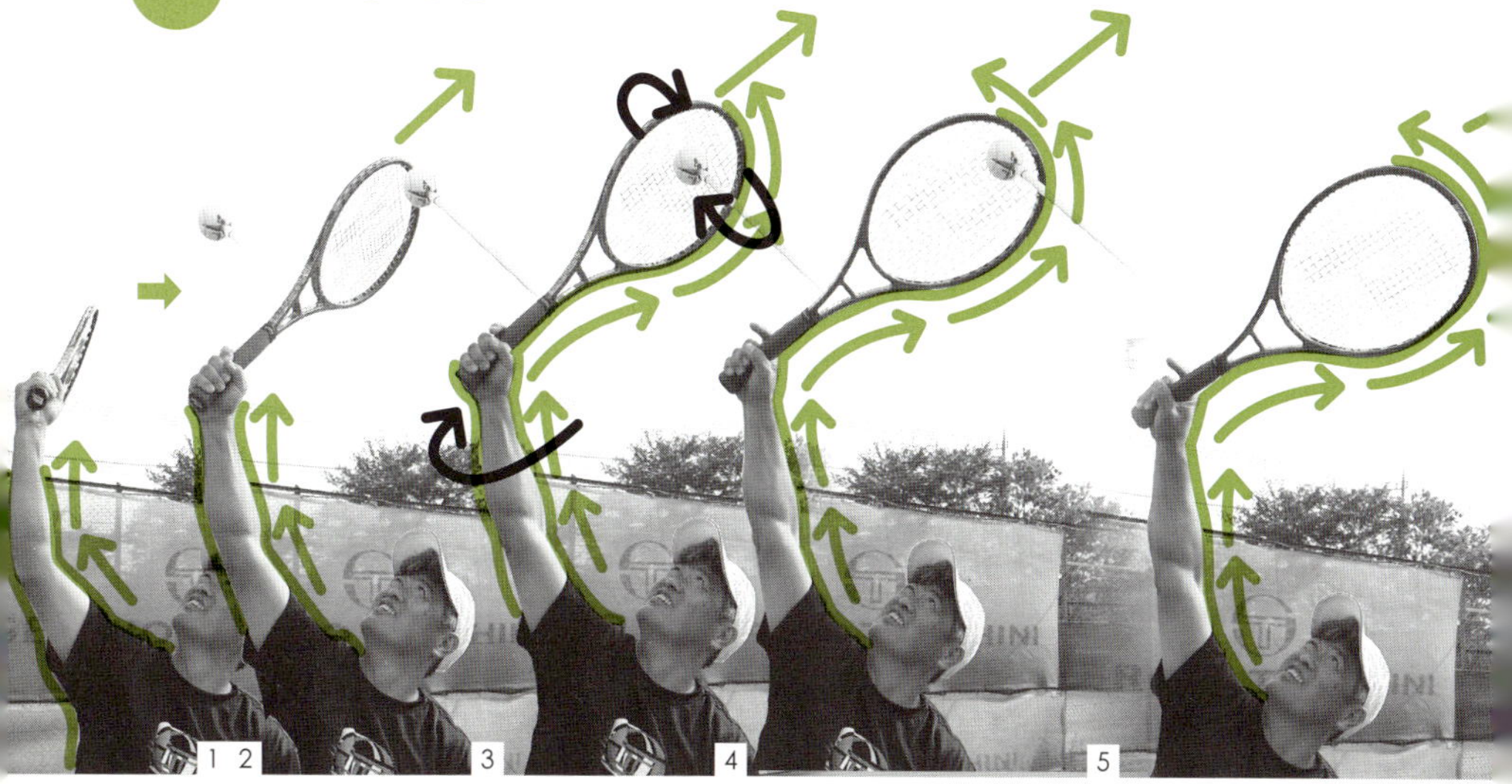

よいサービスは大きなエネルギーを下から上（ラケットヘッド）へ順序よく伝えることができる。コンチネンタルグリップのサービスは腕が回転し続ける中で、ラケット面がボールをつかんで離すため、そのときナチュラルスピンがかかる。「キュッ！」とか「シュッ！」とか湿った音が出るのが特徴。

✕ ボールをつかめない

厚いグリップは腕が回転しないため、ラケット面がボールの真後ろをとらえ弾いてしまう。ボールをつかめないので回転がかからず、「パンッ！」とか「バコッ！」とか乾いた音を出すのが特徴。

下半身は余計な問題を起こしにくいだれもがしっかりした「土台」をすでにもっている！

CHECK

下半身はエネルギーを大きくして上半身に伝える役目を担う

これまで扱ってきた問題点は、グリップと動作方向・打球方向の関係が中心でした。ですから、ほとんどのページで上半身を解説しており、下半身には触れてきませんでした。

上半身は、使う関節が多く、しかもラケット（いわゆる道具）を持つことから、体を機能的に使ってエネルギーを生み出し、そのエネルギーをラケットへ伝え、ボールへ伝えるまでに、細かい問題がたくさん発生します。

しかし、下半身は体のみですから余計な問題を起こしません。スタンスに始まる「向き」については修正が必要になることもありますが、基本的に下半身は、発揮するエネルギーがほとんど同じなので、むしろだれもがすばらしい「土台」をすでにもっていると言っても過言ではないでしょう。

ですから、その土台の上にしっかり動作練習した上半身を載せることを目指してください。載せたら後は、スイッチの入れ方さえ間違えなければ、体は勝手に動き出します。

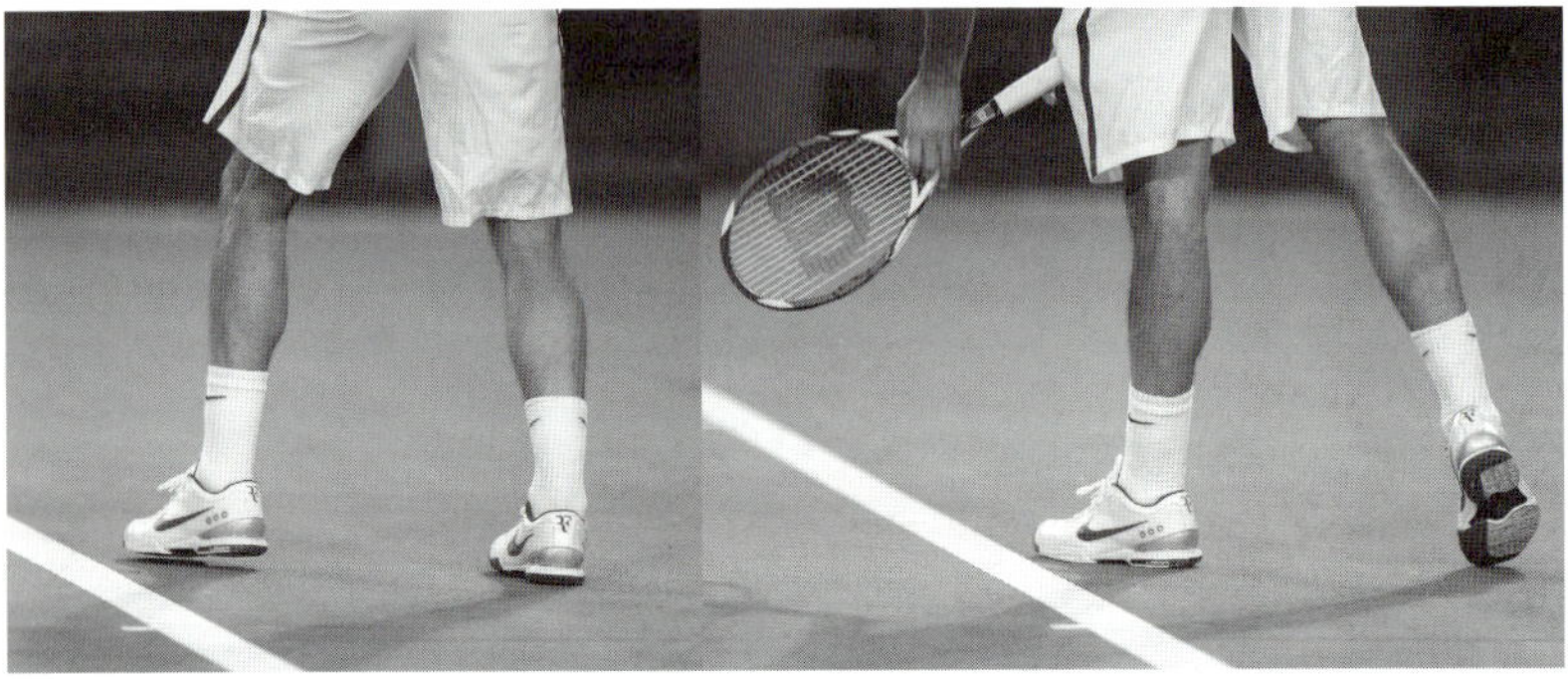

下半身そのものは、特に問題を起こさない

下半身の運動そのものはとてもシンプル。左足荷重の状態から、重心を「上」に移動するのみで、つくりだすエネルギーはとても大きい。この「土台」に上半身を載せる。

左足荷重で体を横にひねってテークバック 上半身と下半身に捻転差をつくる

CHECK

捻転差がないと、運動が小さく大きなエネルギーがつくれない

ほとんど問題を起こさない下半身ですが、グリップが厚いプレーヤーの特徴として、次のような下半身の使い方をします。

グリップが厚いプレーヤーは、体に捻転差がないため（つくれないため）、テークバックすると両足、または後ろ足に重心がきます（写真×）。フォワードスイングのときは体を前にむけてボールを打ちます。初めからオープン気味のスタンスで前を向いて打つプレーヤーもいます。体をひねって戻すという動きがなく、これではパワーが出せません。せっ

× 右足荷重で捻転差がない

テークバックで体重が右足に残っており、上半身と下半身に捻転差がない。ボールを打つときに体を前に向けるのはグリップが厚いからで、グリップが厚いサービスの動作方向が「前」。この動きでは、大きなパワーは発揮できない。

かくだれもがしっかりした土台をもっているというのに、使っていないのはもったいない話です。

（基本的にコンチネンタルグリップのサービスを前提にしますが）サービスは左足重心（左足荷重）にすることで、上半身と下半身に捻転差（体のひねり）がつくれます。右足の下に台を置くと、左足重心（左足荷重）がわかります。

左足重心で体を横にひねってテークバック、同時に膝を曲げた形が写真◯です。体幹にひねりが生まれ、上半身と下半身の捻転差がわかります。下半身にエネルギーがたまる感じも伝わってきます。

このあと腰を切ってひねりを戻すと、エネルギーが下から上へ、下半身から上半身へと伝わって、最終的にジャンプする形になります。

◯ 左足荷重でテークバック

右足の下に台を置いて左足荷重にし、膝を曲げながらテークバック。上半身と下半身に捻転差ができる。

下半身のエネルギーを「上」で使うためには左足重心が絶対条件

CHECK

左足重心を崩すと下半身のエネルギーが分散する

これらの写真はすべてコンチネンタルグリップのサービスで、クローズドスタンスで構えています。テークバックをして捻転差をつくったところですが、足元を見るとそれぞれスタンスの形が変わっています。

コンチネンタルグリップのサービスの動作方向はプレーヤーから見て「右斜め上」です。テークバックで膝を曲げてエネルギーをためた後にジャンプして、そのエネルギーをインパクトへ向けて爆発させたいので、重心は左足でキープした後、「下」から「上」に移動させなければなりません。そのためには、

3 左足を右足が越えるスタンス(両足重心)

✕

左足を右足が越えてしまうと重心がずれて(重心が右足にある)エネルギーが分散する原因になる

重心が左足にないと、フォワードスイングの際に動作方向が「下」から「上」ではなく、「下」から「前」にずれてしまい、エネルギーが分散してしまう。

①　左足重心の固定スタンス

②　左足重心の、左足の後ろに右足を寄せるスタンス

ここまでの形をキープする必要があります。ところが

③　左足を右足が越えるスタンス

になると、重心がズレて右足にあります。足の位置を見ただけでも想像できると思いますが、このあとジャンプして、「下」から「上」に使うはずだったエネルギーが、動作方向が「前」にずれたことにより、分散してしまうのです。

固定スタンスでも寄せるスタンスでもかまいません。ただし、外してはならないポイントは、「左足重心をキープする」ということと「重心を下から上に移動する」ということです。

1 左足重心の固定スタンス

2 左足重心の、左足の後ろに右足を寄せるスタンス

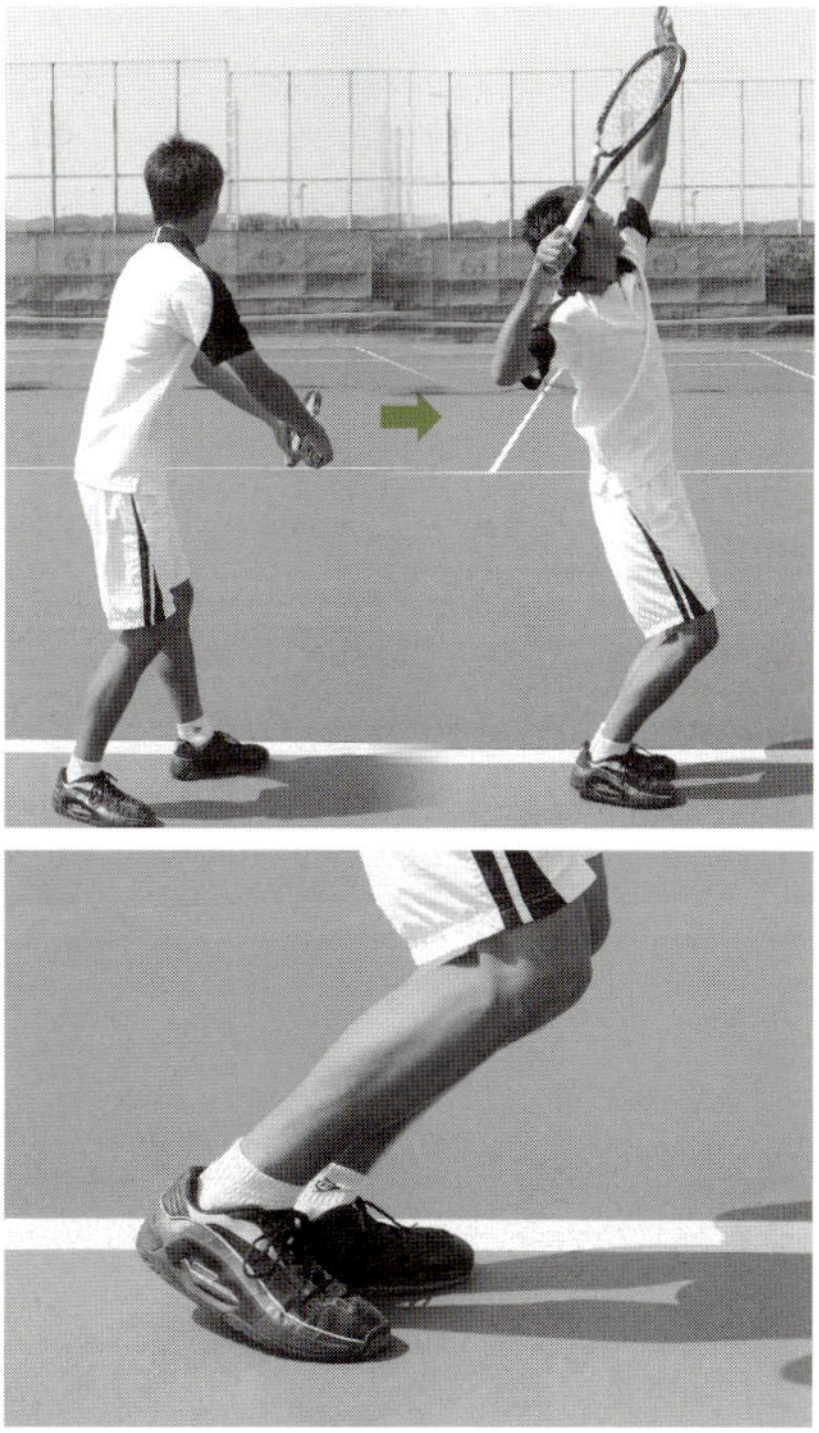

重心を「下」から「上」に移動させるために、左足重心をキープする

テークバックの後は、下半身がためたエネルギーをインパクトへ向けて爆発させたい（ジャンプ）。そのためには重心を「下」から「上」に移動させるために、左足で重心をキープすること。

おわりに

本物を目指した方が楽しい テニスは生涯かけて 「上」を目指していけるスポーツだから

テニスはひとつ みんな本物《テニス》を目指そう

ラケットを背中に担ぎ、腕を真っ直ぐ伸ばしてボールに当てる厚いグリップのサービスは、運動が簡単ですぐにゲームで使えるものかもしれません。しかし、このサービスを反復した先に、サービス力向上は期待できるでしょうか。

これは本書で一貫して言ってきたことです。

正しい動作の反復が安定したフォームをつくり、経験を重ねることによって得る体力的な向上によって、パワーアップができます。そして、正しいフォームこそ回転量も速度もコントロールでき、やがていくつかの球種をつくることができるのです。これはサービスに限らず、すべての技術習得において言える基本的なアプローチです。

テニスは考える力が必要で、考えるための時間があり、その中で修正を繰り返すゲームです。ですから、ボールが入った入らなかったという結果に終わらせず、どういうボールをどのようにつくり、それがうまくいっているかいないかを失敗しながら学習し、修正を加え、次のプレーの精度を高めることに生かしていかなければなりません。

失敗したときにどこに戻ればいいのか、戻るべき場所を知っておかないと、間違った場所へ向かってしまうということが出てきます。その戻るべき場所が「基本」なのです。

すべてのプレーヤーが最初から基本を知っておく大切さはそこにあります。大人に限らず子供も、男性だけでなく女性も、ビギナーも。基本を知っておくと、最初はそれが身についていなくても、失敗するたび基本に戻ることを繰り返すうち、向かうべき方向は間違っていませんから、いずれ到達することができます。

ところが基本を知らずに、あるいは基本を間違えて理解していると、失敗するたび戻る場所が間違っているので、基本からはどんどん遠ざかってしまいます。どんなに本人にやる気があっても、一生懸命取り組んだとしても、戻る場所、向かう方向が間違っていたら、その努力は報われません。だからこそみなさんには、正しく「基本」を理解して、正しいアプローチをしてほしいのです。

かつて私にこんなことを言ってくれた先生がいます。「指導者は、自分を不必要にさせるのが仕事」だと。いないと困るのが指導者ではなく、指導者がいなくても自分で考えて行動できる人間を育てていくことが指導者の仕事だと言われました。

指導者がプレーヤーに時間をかけて「基本」を伝えることを省き、簡単に事を済ますことを伝えたら、プレーヤーはいつまでも指導者なしでプレーすることができません。「基本」は、プレーヤーの上達の妨げには決してならないものです。

テニスは生涯できるスポーツであり、すべてのプレーヤーが「上」を目指せるスポーツです。女性用の、ジュニア用の、ビギナー用のテニスなどありません。もちろん「プロ用」も。すべてのプレーヤーにおいて「基本」は共通するのです。だから、目指すはただひとつ、本物の『テニス』、本物の『サービス』です。

最後になりましたが、テニスマガジン前編集長の牧野正さん、編集次長の青木和子さん、この方たちがいなければ本書は生まれませんでした。同誌、別冊付録、MOOKと徐々に原稿をまとめ、ついには公開講座で、その原稿をテキストに読者のみなさんを直接指導する機会に恵まれました。そこで指導の必要性をあらためて感じ、本書にたどりついたのです。

さらに遡れば、最初にきっかけをつくってくれたのが亜細亜大学の学生諸君でした。彼らが私と真剣に戦ってくれたからこそ生まれた失敗と成功の経験が本書に詰まっています。心から思います。みんな本当にありがとう。

協力　亜細亜大学テニス部
モデル　原由紀代・森　美紀・坪奈津美
井上貴博・篠川智大・土居諒太
風早一樹・木下ミサ・岡林陽子
長谷川梨紗・林　倫正・益田拓馬
本田和之
写真　小山真司・高見博樹
菅原　淳・川口洋邦
イラスト　サキ大地
デザイン　意匠工房　象

Tennis Magazine extra

テニスなるほどレッスン

テニス 丸ごと一冊 サービス

2009年6月30日　第1版第1刷発行
2018年10月31日　第1版第13刷発行

著　者／堀内昌一
監　修／テニスマガジン
発行人／池田哲雄
発行所／株式会社ベースボール・マガジン社
〒103-8482
東京都中央区日本橋浜町2-61-9　TIE浜町ビル
電話　03-5643-3930（販売部）
03-5643-3885（出版部）
口座振替　00180-6-46620
www.thetennisdaily.jp/tennismagazine

印刷・製本／大日本印刷株式会社

ISBN978-4-583-10176-7 C2075